此书获得重庆工商大学重庆市社会学一流专业建设支持

新型城镇化的多维研究

刘成晨　陈建平　庄学村　张甜甜　等◎著

上海三联书店

城镇化是现代化的必由之路,是新时代推动经济高质量发展的强大引擎。扎实推进以人为核心的新型城镇化,建立健全城乡融合发展的体制机制和政策体系,推进城乡融合发展,这是总结我国实践、借鉴世界经验、立足时代发展提出的重大战略决策和重要顶层设计。

——《新型城镇化面临哪些问题》,
《人民日报》,2019 年 4 月 19 日

目 录

人的城镇化：我国城镇化转型发展的新思路

李玉明　陈建平

2013 年,在十二届全国人大常委三次会议上,发改委作《国务院关于城镇化建设工作情况的报告》中提出,"我国将全面放开小城镇和小城市落户限制,有序放开中等城市落户限制,逐步放宽大城市落户条件,合理设定特大城市落户条件,逐步把符合条件的农业转移人口转为城镇居民",不仅第一次明确提出了各类城市具体的城镇化路径,同时也表明未来城镇化道路开始更加注重人的城镇化发展。此外,由于过去传统的城镇化模式已越来越不适应当前城镇的现代化发展需要,其存在着比较多的问题和缺陷,其中最主要的是传统城镇发展模式忽视了人的发展,导致我国人口城镇化长期滞后于土地城镇化,城镇建设难以有质的提升。为此,必须转变原有的发展思路,重树城镇化中人本价值理念,最终实现人的城镇化。就当前而言,"城镇化的核心或实质就是让农民进城及农民的市民化"①,对于这一

基金项目:本文系 2013 年国家社科基金项目《我国土地红利的分配正义及其实现机制研究》(立项编号:13BZX075);2013 年福建省教育厅社会科学研究 A 类项目《失地农民可持续生计下土地红利的分配正义研究》(立项编号:JA13085S)

① 易宪容."过客"定居可让中国 GDP 再翻番——城镇化的实质是农民的市民化.人民论坛,2013(4):26—27.

1

问题,社会各界都给予了广泛的关注和探讨,并积极寻求解决之道,以期能够有效推进人的城镇化以及助力经济的持续发展。

一、人的城镇化是提升城镇化质量的核心关键

自城市兴起以来,任何城市都是以人为主体,城市文明史都是为人而建、为人管理以及为人服务的发展历程。因此,唯有实现城市中人的全面发展,城市才能真正称之为城市。然而,过去我国的城镇建设受传统发展理念的影响,片面追求城市"GDP",城市硬件建设,而忽视了城市中人口因素的协调发展,使得我国城市化长期处于低水平建设状态,难有实质性的提升,也就是说,未来我国的城镇化建设只有回归到人本城镇化建设道路上,才能在城镇化质量上取得突破。如此,2012 年 12 月,中央召开的 2013 年经济工作会议,提出了要将"有序推进农业转移人口市民化……走集约、智能、绿色、低碳的新型城镇化道路。"作为未来政府经济工作的核心任务之一,即将人的城镇化将作为未来中国城镇化建设的出发点、落脚点。所谓人的城镇化,是指以人为核心实现城镇化,其内涵包括两层含义,其一是农村转移人口市民化过程,实现与城镇人口的有机融合;其二是为转移人口而进行的城镇建设过程,为市民化生活创造宜居环境。人的城镇化的稳步推进将成为城镇化质量提升的核心关键,其蕴藏着巨大发展潜力。一方面,它有利于扩大城镇内需,推动城镇经济持续快速发展。另一方面,人的城镇化有利于提升城镇化水平。借助人的城镇化发展契机,转变农村人口经济和社会地位,努力实现城乡一体化,从根本上解决中国因城乡二元结构而引发的不平衡问题,实现城镇的健康发展。

（图片来自网络）

二、人的城镇化的理论内涵

从理论角度分析，人的城镇化就是一种城镇人口发展与城镇合理建设相结合，实现人口市民化与体制机制改革、公共服务完善、基础设施建设以及城镇环境保护等互相协调发展，走有序、全面、合理、集约的新型城镇化道路，集中体现了以人为本的城镇发展理念。具体来说：

（一）人与人的关系：倡导平等自由精神

根据西方政治学理论，人与人的关系是自由的。自由被视为人的自然权利，是不可剥夺的、不可让渡的权利。正如法国启蒙思想家卢梭所言,如果"放弃自己的自由,就是放弃自己做人的资格,就是放弃人类的权利,甚至就是放弃自己的义务"。同时,人与人的关系又是平等的。在自然状态下,人与人之间是没有任何区别的。基于这一理论分析,人口城镇化中人与人的发展关系也是自由平等的。人的城镇化本质就是要实现城镇中每一个居民平等的享有权利,无论身份地位还是就业、居住、教育等公共服务待遇方面,原有城镇居民与新转移的农村人口都是平等的,任何居民的生命价值和人格尊严都不存在实质差别。因此,这一关系的重塑将有利于打破以往二元结构体制,真正实现城镇居民的平等发展。

(二) 人与社会的关系:追求人的全面发展

马克思主义认为,人类的终极目标是实现人的全面发展,即每个人可以在生活、社会关系以及自身能力与个性等方面实现平等、完整、自由的发展。因此,人带着目的、带着理想充分发挥人的潜能改变现有状态,不断地改变旧世界、创造新世界,使人的本质得以充分展开和实现,从而不断创造和实现自我的本质。[1] 正是在此意义上,新型城镇化追求的是人的全面发展,其中以新转移农村人口的可持续的生计能力和生计方式发展[2]最为核心。人的城镇化除了要实现新转移农民享有平等的社会身份,还要助推新转移农民通过城镇的生产生活不断地"自我创造""自我超越",使得其获得收入、知识、技能、社交等能够在城镇稳定谋生的资本,进而消除人与社会的对立和异化关系,真正实现城镇的和谐发展。

---

① 许才山. 中国城镇化的人本理念与实践模式研究. 吉林:东北师范大学,2008:26.
② 刘嘉汉. 以发展权为核心的新型城镇化道路研究. 经济学家,2011,(5):82—88.

（三）人与环境的关系：注重人与自然和谐

辩证唯物主义认为，人的主观能动性充分发挥必须以尊重客观规律为前提和基础。自然界的发展是有其自身规律的，如果我们在认识和改造自然的过程中不尊重客观规律，忽视自然规律的存在，就会导致自然生态的破坏，其最终结果将是人类不可避免地遭受自然的报复，人类生存受到极大威胁。基于此种认识，在城镇化进程中，如何正确处理人与自然的关系将成为我们必须慎重对待的问题之一。而人的城镇化建设正是践行这一生态价值的最好佐证。人的城镇化本质是实现人和自然、环境的平衡发展，强调生态环境的保护，并致力于实现人的生活水平的提高。总之，人的城镇化就是把人与自然共生共融、和谐相处的价值观作为其可持续发展的主旋律，以不断推进城镇的生态化建设。

（四）人与城镇的关系：强调人城统筹发展

在未来城镇化建设中，最为重要的要正确处理好人与城镇关系。而人的城镇化则致力于解决城镇人口与城镇建设之间的矛盾关系，使二者能够保持合理、适度的协调性和统筹性。具体而言，一方面，人的城镇化强调人口市民化进程与土地城镇化速度保持协调统一：着重加强农村转移人口的市民化建设及其相关的配套设施建设，特别是城镇户籍改革、公共服务体制改革等等，加快城镇人口的市民化转变，使其能够真正享受到土地城镇化的建设成果。另一方面，强调人口集聚规模与城镇基础设施建设保持一致：人的城镇化不仅注重加强人口市民化建设，同时也关注城镇人口因过度集聚而导致的一系列城镇问题：如人口膨胀、交通拥堵、环境污染等。因此，需要不断加强城镇规划和基础设施建设，以提高城镇的发展承载量。

三、传统城镇化模式产生的现实弊端及其代价

对比人的城镇化的新型发展模式,反思过去传统的城镇化发展,其存在诸多弊端。以往那种扩张式、片面式、超载式、粗放式的城镇发展模式使当前城镇化建设产生了一系列问题和代价,例如"有城无人"的空城现象、"有名无分"的伪城问题、"外实内虚"的病城问题以及"环境失调"的灰城现象等,在一定程度上影响了城镇现代化的发展进程。

(一)空城现象:扩张式发展导致城镇"有城无人"

自改革开放以来,中国城镇建设长期以 GDP 核心作为自身发展导向,导致城镇建设片面追求规模,盲目"圈土地""造大城",忽视了人的城镇化应有内涵,也没有考虑到当地经济情况和产业支撑能力,导致城镇建设与人口、经济、社会发展难相融合。其中,最显著的问题就是近年来出现的空城现象。一些地方脱离实际盲目追求城镇化速度和城镇化率,造成很多"空城"[1]。河南淇滨区银兴广场仅商铺有2000 个,约有 30%的商铺处于空位状态,即使有营业的商铺也大都生意惨淡,偌大商场鲜有人影[2]。另据业内人士表示,近两年三四线城市房地产待售存量一直处于较高水平,在人口外流的背景下,供大于求现象更加突出[3]。这些"空城"问题的出现不仅造成了经济建设

[1] 冯宙锋. 3 亿流动人口真正城镇化是户籍改革的难点和核心. 南方都市报,2013-07-12(14).
[2] 刘弘毅. 河南鹤壁新区 20 年发展成"睡城". (2013-02-23)[2013-02-23]. http://www.cb.com.cn/economy/2013_0223/448242.html.
[3] 梁倩,徐海波. 房地产泡沫集中三四线城市　疯狂卖地制造"鬼城". 经济参考报,2013-07-17(A03).

资源的巨大浪费,而且也不利于人口市民化发展。由此可以看出,我国城镇化"空城"问题已经成为影响城镇化提质的主要障碍,必须加快城镇化的转型发展。

(二)伪城问题：片面式发展导致市民"有名无分"

过去,受经济建设中心导向的影响,我国城镇建设一直片面强调发展土地城镇化,而忽视了人口市民化建设。其中最为典型的是城镇居民户籍改革始终悬而未决,导致许多生活在城市却没有城市户口的人特别是农民工长期被排斥在城镇化之外,加之,城乡二元结构体制的长期存在,使得新转移的城镇人口难以享受与本地居民同等的市民待遇。据调查显示,外出农民工参加养老保险、工伤保险、医疗保险、失业保险和生育保险的比例分别只有 13.9%、23.6%、16.7%、8.0%和 5.6%。农民工在城镇自有住房的拥有率只有0.7%,几乎等于零[①]。另据国家发改委城市和小城镇中心对广东的调查显示,在教育、就业服务、医疗卫生、社会保障、保障性住房等5大类 17 项公共服务和福利方面,本地居民均可完全享受,而外来人口则有 10 项为"不可享受",7 项为"部分享受"或"少量享受"[②]。因此,也难怪有学者将城镇化中处于"经济上接纳、政治上排斥"境况的农民工称之为"一个游离于城市的边缘弱势群体"[③]。而我国的城镇化建设也正是因农民工的市民化问题而饱受质疑,被认为是"伪城镇化""半城镇化"。因此,加快人口的城镇化转型建设已迫在眉睫。

---

① 夏锋.提高城镇化质量关键在转型与改革.中国合作经济,2012,(12)：21—22.

② 冯宙锋.3 亿流动人口真正城镇化是户籍改革的难点和核心.南方都市报,2013-07-12(14).

③ 郁建兴、阳盛益.城市政府在农民工市民化进程中的作用.学习与探索,2008,(1)：89—91.

(三)病城问题：超载式发展导致城镇"外实内虚"

一些城市在建设过程中无序地开发扩建,超出城镇自身所能承受的发展限度,出现了人口膨胀、交通拥堵、环境污染以及资源短缺等一系列城市问题,即所谓的"城市病"。城市病的产生实质是城镇现代化过程中的一种逆反症状,在一定程度上制约着城镇化水平的提升。例如,交通拥堵问题;据统计中国 2/3 的城市出现高峰时段交通拥堵现象[1],而"因交通拥堵和管理问题,中国 15 座城市每天损失近 10 亿元财富"[2]。再如"垃圾围城"现象;住建部的一项调查数据表明,目前全国有三分之一以上的城市被垃圾包围,全国城市垃圾堆存累计侵占土地 75 万亩[3]。以上这些问题都是城镇化建设过程中凸显的典型病症,极大影响着城市经济和城镇化质量的提高。为此,有必要采取合理的措施和方式加以解决和治理,而提倡人与城镇统筹发展的人本城镇化模式将作为治理城市病的有效途径,人的城镇化将围绕城镇人口市民化建设为核心,不断加强城镇基础设施建设和城镇空间科学布局,以有效治理城市病问题。

(四)灰城现象：粗放式发展导致城镇"环境失调"

在我国城镇建设中,不少城市依然延续传统的"先污染、后治理"的工业化的发展思路,严重影响了城镇的生态环境平衡。尽管各地城市先后加强了防治污染的环境综合治理,但这种以高消耗、高排放、高污染为特征的粗放型发展模式仍然使得城市生态环境质量急

---

① 戴鞍钢. 城市化与"城市病"—以近代上海为例. 上海行政学院学报,2010,(1): 77—84.

② 人民网. 专家称中国 15 座城市交通拥堵每天损失 10 亿元. (2012 - 08 - 23)[2013 - 08 - 23],http://www.022net.com/2012/8-23/482730332989210-3.html.

③ 王聪聪. 内地超三分之一城市遭垃圾围城 75 万亩土地被侵占. 中国青年报,2013 - 07 - 19(8).

剧下滑。其中面临最为严重的就是城市空气污染：据有关国际机构发布的全球 10 大空气污染城市，中国就有 7 个城市入榜，其中包括北京市在内，其 PM10 的浓度值严重超标，空气质量位列全国倒数。同时，水域污染也不容乐观。据环保部门调查，我国一半城市市区地下水污染严重，57％的地下水监测点位水质较差甚至极差，90％城市河段受到不同程度污染，约一半城市市区地下水污染比较严重等等[1]。由此可见，我国城市环境不断恶化，已成为制约我国城镇经济发展和影响人体健康的重要因素。为此，必须转变城镇发展模式，注重生态环境保护、人与环境的和谐发展。而人的城镇化将不断践行这一生态人文理念，走一条资源节约、环境友好的绿色、低碳道路。

四、我国城镇建设向人的城镇化转型推进的重要举措

承上分析，传统城镇化模式下产生的各种城镇发展问题，其归根结底在于城镇发展忽视了人的因素，而过分强调物的城镇化，导致城镇发展难有质的提升。为此，未来的城镇建设应努力回归人本导向之道，并积极寻求有效推进人的城镇化的发展路径，具体如下：

（一）转变发展理念，为人的城镇化提供思想保障

城镇建设，理念先行。一个城镇的繁荣兴盛，很大程度上取决于该城镇先进理念的科学引导。因此，要推行人的城镇化建设，首要的是要努力破除原有的城市发展模式，树立以人为本的城镇化理念。具体而言，首先要树立农村转移人口特别是农民工在城镇化进程中的主体地位思想。农民工不仅是城镇的建筑者，也是未来城镇的主

---

① 梁嘉琳. 中国 5 成城市地下水污染严重 3 亿农民饮水不安全. 经济参考报，2012－05－28(2).

人翁。因此,他们拥有和本地居民同等的市民权和发展权,同样受人尊重,他们与城镇其他居民没有任何实质性的地位差别。其次,要树立包容性的城镇化发展理念①。其最主要的是要推进社会福利的普惠性。即通过在户籍、住房、就业、教育等领域实行包容性的改革,实现基本公共服务均等化,以消除原有阶层人口的对立和矛盾,使城镇人口关系由相互排斥转变为相互包容。最后,要尊重人口城镇化发展规律,正确处理好人口发展与城镇建设之间的关系。其中最关键的是要改变原有"以城带人"的城镇化思路,即过多地强调土地城镇化建设,而忽视人口城镇化发展。而未来的城镇化应当更加注重"以人促城"的价值理念。通过人的城镇化不断促进城镇公共服务、基础设施以及城镇环境的合理建设和保护。

(二) 改革户籍制度,为人的城镇化提供主体机制保障

当前,城镇化的核心问题是农村人口转移,其"重头戏"则是农民工的市民化。而解决农民工市民化问题,当务之急是需要改革城镇户籍制度,使长期在城镇工作的农民工能够名正言顺地取得城镇居民的身份②,以享有公正平等的社会待遇。因此,有必要从以下几个方面推进户籍制度改革。首先,放宽城镇户籍准入门槛;要逐步取消从个人收入、纳税额度、工作年限、社保年限等仅从城镇经济发展需要的角度而考虑的入户条件,降低农民工入户的成本。其次,剥离户籍身份与社会福利的捆绑关系;深化户籍与公共服务体制改革,取消户籍身份与就业、教育、医疗和住房等公共福利的依附关系,实现农村转移人口与本地居民在社会福利待遇方面的平等性和公平性。最

---

① 夏锋. 人口城镇化是经济转型最大潜力. 中国经济时报,2013 - 05 - 08(6).
② 夏锋. 人口城镇化是经济转型最大潜力. 中国经济时报,2013 - 05 - 08(6).

后,实现城镇户籍准入与农民土地权利分离。取消城镇中存在的"土地换户籍""土地换社保""宅基地换住房"等专门针对农民群体的不公正的户籍政策。允许农民带着农村所有的土地财产权益及其附着资产进入城镇落户变身市民,即所谓"带土进城"①,从而从根本上消除农村转移人口的土地障碍,促进人的城镇化的顺利推进。

(三) 统筹城乡发展,为人的城镇化提供服务保障

人的城镇化,特别是农民工的市民化过程,不仅要重视解决农民工"进城"问题,同时也要关注其如何"融城"的问题,即解决"市民"这个符号所包括的一系列制度待遇,并且要按照现代化的理念来进行改革、设计②。其中最为基本的是改革公共产品供给,实现城乡统筹发展。具体来说,首先,要加大农村产业经济发展力度,特别是农业产品、原材料的发展,并加强与城镇的产销结合、产城融合密度,使农村成为城镇发展的产品原料供应基础,从而形成"以城带乡"的经济一体化发展格局,为农村人口转移城镇奠定经济基础。其次,统筹城乡基础设施建设,加快农村在交通、住房、供水、供电等方面建设,并逐步实现与城镇基础设施建设一体化发展,为有效推进人口城镇化提供生活保障。最后,加快建立均衡的社会福利体系,如文化教育、医疗卫生、社会保障等城镇公共优势资源逐步向农村覆盖,使城乡居民平等共享改革发展的成果。总之,统筹城乡发展既能为城乡居民提供均衡、全面的公共产品和服务,同时也促进了农民从生产生活方式到行为的全面城镇化③,为人的城镇化提供了质量保证。

---

① 田园. 我国城镇化过程中农民"带土进城"模式分析. 沈阳干部学刊,2013,(3):18—20.
② 邹农俭. 农民工如何市民化. 江苏社会科学,2013,(2):34—38.
③ 刘嘉汉. 以发展权为核心的新型城镇化道路研究. 经济学家,2011,(5):82—88.

（四）完善财政体制，为人的城镇化提供经济基础保障

有学者曾指出，"单个农民工市民化成本需要新增综合投资至少10万元，城镇化率每提高 1—1.5 个百分点，需新增 1500 万—2000万人，年综合投资大概在 1.5 万—2 万亿元左右"①。可见，城镇市民化成本规模不可谓不大，仅从地方政府目前有限财力是难以有效应

（《人民日报》：《新型城镇化面临哪些问题》，2019 - 4 - 19）

---

① 夏锋. 提高城镇化质量关键在转型与改革. 中国合作经济，2012，(12)：21—22.

对的。为此，必须加强现行的财政体制改革，为人的城镇化建设提供必要的财力支撑。具体而言，首先，合理划分中央与地方的事权与财权。一方面，要在财力配置上，适当提高市县政府对共享税的分享比例，使财力向下倾斜，以调动基层政府城镇化建设的积极性①。另一方面，在事权分配上，强化省市级以上政府在公共服务领域的支出责任，实现相关事权逐渐上移。从而真正实现各级政府在城镇化建设中"财事匹配，权责一致"。其次，调整城镇财政支出结构。逐步提高城镇财政在义务教育、医疗卫生、社会保障以及就业培训等基本公共服务支出的比例，强化政府的公共产品和服务的供给责任。最后，构建城镇财政多元融资机制，积极鼓励民间资本、私营企业等参与城镇公共产品生产和服务供给，建立稳固的公私合作关系，以推进城镇化健康、有序地发展。

（五）创新社会治理，为人的城镇化提供秩序保障

在城镇化进程中，农村转移人口大量涌入城镇，其势必会产生一系列问题和矛盾。特别是农民工的就业、权益保护、子女的教育等问题将给城镇社会治理带来前所未有的挑战。因此，有必要加强社会治理创新，以切实提升人口城镇化的科学治理水平。具体而言，一方面，要建立健全城镇新增人口管理机制，为农村转移人群特别是农民工提供入户办理、就业推荐、权益维护、政策咨询等一站式便民服务，同时积极开展各种爱心志愿活动，切实解决新增人口中失业、残疾、单亲、孤老等特殊人群的困难和问题。另一方面，创新社会治理方式，善于运用法治、统治和自治等复合方式治理城镇社会。其中最为

---

① 赵德昭，许和连.地方财政体制改革助推新型城镇化.(2013 - 05 - 26)[2013 - 08 - 23]. http://www. chinareform. org. cn/gov/system/Report/201305/t20130527 _ 167944. htm.

主要的是要强化依法治城,使城镇社会治理工作有法可依、有法必依。其次要强化政府公共服务职能,从群众利益角度出发,加强民生工程建设。此外,还要加强居民的城市精神文明建设。通过各种宣传和教育渠道,开展思想道德教育,培养城市精神,不断提高城镇居民的文明素质和城市涵养,从而为建设新型的城镇打好社会基础。

五、结语

城镇化的最终目的是农村人口逐步转向城镇,让全体人民都能真正享受到良好的社会福利和公共服务,提高人民的生活质量[①]。而这一目标的实现需要政府和社会敢于突破传统城乡二元结构体制,走一条新型的城镇化道路,即人的城镇化。当然打破这一体制难题的关键还在于体制机制的不断改革和创新。因此,唯有改革城镇发展才有出路,只有在户籍制度、人口政策、公共服务、财税体制等方面强化改革,人的城镇化才能有实质性的转变,才能创造现代化的新型城镇。

(原载《常州大学学报》(社科版),2014 年第 1 期)

---

① 乔治. 我国城镇化的现实困境及出路建议. 中国管理信息化,2013,(11):28—31.

中国城镇化"内生式"发展的可能性及建构路径
——以苏南城镇化为例

范虹珏 胡浩 傅顺

一、问题的提出

众所周知,中国的人口城镇化率从 1978 年的 18％一跃为如今的 53％,进入了城镇化发展的中期。几十年的时间人口如此庞大的农业大国快速地实现了社会结构的变迁,创造了举世瞩目的"中国奇迹"。但是城镇化率迅速提高主要是靠行政政策的外在推力,城市的发展是以牺牲农民、农业和农村为代价的。中国的城镇化走的是一条低成本规模土地城镇化的扩展之路,"人的城镇化"严重滞后。城镇化发展过程中城乡二元分裂、资源不可持续性等突出问题一直是阻碍我国城镇化进程的主要因素。随着城镇化的发

基金项目:中央高校基本科研业务费-南京农业大学人文社会科学研究基金项目:"苏南城镇化发展模式"的理论解释与普适价值——基于田野调查的研究路径(SK016034),江苏省社科应用研究精品工程:内源式城镇化发展模式下的农民工城市融入——以苏南地区为例(16SYB-148),江苏高校哲学社会科学研究项目:苏南城镇化模式的途径选择及内在机制研究(SKPT2016017),江苏省博后基金:新型城镇化模式下的农村内生发展模式的研究(1601110B)

展,质量不高的问题也日益突出。在城市表现为城市病日益突出,如环境污染、交通拥挤、就业压力增大、房地产过热等。在农村则表现为农村"空心化"严重,如留守群体的形成、传统农业文明的消逝等等。可见,一方面,中国已经进入了中等收入社会,城市化是可持续经济发展的一个关键领域和重要资源;另一方面于国家和政府来说,GDP 主义仍然横行。这样的城市化有可能变成土地掠夺和官僚化运动,城市成为官员的城市,而不是市民的城市,农民依然没有被城市所接纳[①]。如果没有具有实质性的城市体制改革,而是继续搞 GDP 和简单的扩张,城市化就是一个巨大的陷阱[②]。

李克强提出:"推进新型城镇化,就是要以人为核心,以质量为关键,以改革为动力,使城镇真正成为人们的安居之处、乐业之地"[③]。2016 年 2 月 25 日新型城镇化与特色小镇发展新闻发布会上,发改委规划司副司长陈亚军进一步指出,新型城镇化未来要以新生中小城市培育和特色镇发展为重点,着力补齐城镇体系的短板,开拓城镇化增长的内生空间[④]。黄仁伟提出:中国发展源于内生的能量释放,从内生性出发,达到共同发展。[⑤] 享利·明茨伯格对全球发展中国家发展面临的困境反思后指出,无论是对于国家还是领导者,都到了内生式发展的时候[⑥]。

因此城镇化在外生力量干预羸弱的现实下,寻求城镇的内生发

---

① 郑永年在中国国际经济交流中心主办的第三届全球智库峰会(北京,2013 年 6 月 28 日至 29 日)发言的第一部分。

② 郑永年.关键时刻:中国改革何处去.北京:东方出版社,2014 年,第 179 页.

③ 孙炎.李克强:高度重视城镇化质量不高、缺乏科学规划等问题.扬子晚报,2013 - 09 - 08.

④ 赵展慧.特色小镇,打开城镇化内生空间.人民日报,2016 - 02 - 26.

⑤ 见 2011 年 9 月 24 日同济大学举办的"全球视野下的中欧关系"学术研讨会上黄仁伟的发言.

⑥ 享利·明茨伯格,廉晓红.发展的反思,IT 经理世界.2007(9):68.

展成为突破我国城镇化瓶颈的最有力的路径。

二、文献综述

第一,西方内生式发展理论的梳理

(1) 内生发展的概念与定义的提出

二十世纪七十年代,由于全球区域不平衡矛盾不平衡的日益突出,经济增长极理论已无法解释当时的经济现象,因此内生式发展理论最早在区域经济发展学领域中提出,主要的观点就是把经济增长的重点集中于满足社会成员基本需求上。1975 年瑞典财团在"世界的未来"的报告中,首次明确了定义了"内生式发展":如果发展作为个人解放和人类的全面发展来理解,那么事实上这个发展只能从一个社会的内部来推动[①]。联合国教科文组织 1977—1982 年中期规划目标中正式提出了内生发展的战略,"发展应是由内部发生的,……应从它的文化和固有的思维和行动方式中汲取力量。……重要的问题是要把人及其能力视为关键因素……要灵活调整技术、社会、政治、文化等方面的革新,使革新的每个阶段都由人民自己来承担……"[②]。日本的鹤见和子认为,内发型发展是"不同地区的人们和集团适应固有的自然生态体系,遵循文化遗产(传统),参照外来的知识、技术和制度,有自律性地创造出实现'发展目标'的途径,实现目标需要具备的社会状态以及人们的生活方式"(1989)[③]。巴西社会学家费尔南德·H·卡多佐从发展中国家的角度指出"所谓内发性发

---

① 张环宙,黄超超,周永广.内生式发展模式研究综述.浙江大学学报(人文社科版),2007 (2):62。
② 联合国科教文组织.内源发展——质量方面和战略因素.中国对外翻译出版社,1991:2。
③ [日]鹤见和子.内发发展理论.东京大学出版会,1989:46-47.

展,就是'对外国'的依附较少,在本国内积蓄资本并酝酿发展工业的动力,能够依靠自身的力量推进经济增长的状态"。

(2) 内生发展的方式与途径

首先是经济学者在经济学领域提出了内生发展的路径,主要有综合农村发展战略(罗迪耐尔,普特尔,1980)、集镇建设战略(约翰逊,1970)、农社区途径(弗里德曼,道格拉斯,1975)和选择性空间封闭战略(史特尔,1977)等。前两者的观点是战略政策向农村倾斜,通过加大对农村的投资,扩大农村公共基础设施建设,提高农民收入,促进其从农村向城市、农业化向工业化的转变。后两者则提出通过农村区域内的资源整合来发展自力更生的农村经济,着重强调权力下放地方和减少发达城市对其的侵蚀。

其次社会学者从社会价值取向、文化、科技、社会参与等方面解读内生发展的路径。美国社会学家帕森斯提出"社会行动系统"理论,以单位地位和角色的"内在化",即角色自我认同与社会化地位的价值取向来解释单位行动转化为社会行动的社会变迁与转型(1977)[1]。黄高智:任何真正的发展都应该以一个民族的文化为基础,以人类本身为中心,这才是内源发展[2]。罗朗·科兰"向各民族提供表达自身愿望和世界观的手段,其前提是社会交流从基层开始,发挥内源发展的基础——人民参与的原动力的作用"[3]。黎成魁:科学技术上的创造力是独立思考和研究自己的困难,并主要依靠自己的力量去寻找解决困难的方法,而不是机械地模仿外界。……要培养

---

① 〔美〕塔尔科特·帕森斯.社会行动的结构.张明德、夏遇南、彭刚译,凤凰出版传媒集团,2008年,第727页.

② 黄高智.文化特性与发展:影响和意义.联合国教科文组织编.内源发展战略,北京:社会科学文献出版社,1988:19.

③ 罗朗·科兰.社会交流和大众参与发展:传统与现代.联合国教科文组织编.内源发展战略,北京:社会科学文献出版社,1988:157.

科技上的内源创造力,就需要重新评价传统的知识,要选择需引进的知识,要发展适用于本国情况的新知识[1]。

最后是在乡村治理中,为全球化和工业化下解决农村和农民问题提供了新的理论视角。其中比较有代表性的有:宫本宪一指出通过内在式的发展,寻求"可持续发展"的政治经济体系,来达到居民自治(宫本宪一,2004)[2];英国莱斯特大学的 Lan Bowler 提出了农业内生发展的九项具体指标,认为本土是基础[3]。

第二,"内生式"发展理论的中国化研究

"内生式"发展的理念在 90 年代末随着世界银行在对农村的资助项目中引入中国,从农业、林业和环境保护扩展到农村的能源、卫生保健、妇女、供水和教育等方方面面。从而被引入国内学术界,引起了国内学者对内生发展理论中国化的探讨,总体来说起步较晚。主要是通过对国外内生发展理论和模式的探讨和总结,以期为国内的乡村治理提供借鉴。涂人猛主张以农村为发展重点,采取自下而上的内源式乡村发展范型(涂人猛,1993)。张环宙认为此模式内生式发展模式则提供了另一种可能的模式,它推崇多元化的发展目标,尊重当地人的利益,重视基层组织建设,试图以一条民主分散、注重文化和生态的新道路来解决农村的发展问题(张环宙、黄超超、周永广,2007)。陆学艺认为,地方政府和中央政府在农村的基层组织的外生权力和村落的内生权力得到了有机的结合,内生式发展模式应该成为中国农村发展的理想形态(陆学艺,2001)。周大鸣认为内生发展理论是一种参与式发展理论,将发展看作是一个自下而上的"赋

---

① 黎成魁. 科学和技术:内源发展的选择. 联合国教科文组织编. 内源发展战略. 北京:社会科学文献出版社,1988:55.

② [日]宫本宪一. 环境经济学. 朴玉译. 北京:生活·读书·新知三联书店,2004 年.

③ 张环宙等. 内生式发展模式研究综述,浙江大学学报(人文社科版),2007(3):62.

权"过程(周大鸣、刘志杨,2006)。向延平认为,区域内生发展理论强调充分利用当地资源,以人为本,自力更生,注重环境保护,寻求区域可持续发展(向延平,2013)。对于内生发展理论在中国的实践,学者主流观点,认为该理论与新型城镇化"以人为本"的内涵不谋而合,但在实践方面还需要深入探讨和实证检验(张文明、滕艳华,2013;刘放生,2015;王志刚,2009)。近来已有学者从实证角度论证内生发展模式的应用性,总体认为传统外生发展模式已不能适应中国经济发展,中国应该走内生发展的道路(胡榕、彭福杨,2011;林彰平 2013)。

综上所述,学术界对于城镇"内生发展"的界定主要包括两点:第一,引入"以人为本"的理念,在城镇发展中,关注"人",发挥人的主观能动性,发展的最终目的也是为人类服务。第二,引入"融合"的理念,城镇的经济发展要与本地的传统文化、生态环境相融合,吸纳社会力量的参与建设,强调以本地控制为主的多元整合。

(2)研究进路

本文基于中国城镇化中城乡失衡和农民市民化滞后的现象,首先,探讨了形成这一现象的现实逻辑,即自上而下的"外生式"发展模式;其次,以苏南地区为例,分析苏南城镇化"内生式"发展模式的实践价值;最后,本文提出"内生式"城镇化发展是中国城镇化未来的发展方向与途径。

三、中国城镇化的现实逻辑:"外生式"发展模式

自 20 世纪 90 年代孙立平提出中国的现代化是后发外生型的,即中国现代化的发展动力来自外部力量的驱动,这种"嵌入式"的发展理念在学术界被普遍接受。"后发外生"是中国现代化的特点,受其所制,中国的城镇化发展也表现出了城乡失衡、关系错位与两难矛

（图片来自网络）

盾的种种现象。

1. 中国城镇化的现状描述

首先是城乡失衡，片面追求经济 GDP 的增速与城市的粗放式扩展。

对于中国的城乡，辜胜阻认为"城乡失衡已成为当前中国城镇化最大的问题"。以牺牲农民、农村和农业为代价来发展城市和工业，人力物力财力源源不断地从农村农业流向城市，导致城乡发展速度不均衡，最终导致的就是城乡二元分裂严重。

一方面，城市的繁荣与城市病并存。在城镇化的过程中，政府的主导力量使得资源重新配置，源源不断的优势资源向城市集中，造就了城市的繁华。城市比农村地区创造更多的社会和经济效益，吸引了更多的人力资源。《国家新型城镇化报告 2015》显示，中国农民工流向地级市以上的占 70％以上，流向小城镇的不到 10％。然而城市规模的盲目扩张和人口的无序流动，导致城市的内在承载力与实际接纳力并不匹配，出现了交通拥堵、环境污染、房价虚高、人口膨胀及管理粗放、应急滞后等"城市病"，并且有从大城市向中小城市蔓延的趋势。在《新资源经济城市指数报告 2015》中,报告指出:虽然中心城市经济发展的"溢出效应"给区域内其他城市带来机遇,但核心特大城市自身增长模式尚未完成转型,资源环境可持续性没有显著改善,一些固有"城市病",可能向区域内的其他小城市蔓延①。

另一方面,村庄的衰弱与消亡。与城市反之可见的是,农村精英出走、农业文化凋敝、村庄内部荒芜,农村"空心化"现象的严重,最终导致的就是村庄的衰弱乃至消亡。中国村落的消亡速度惊人,冯骥才称中国的自然村每天消失 300 个②。随着城镇化趋势的继续,将有越来越多的青壮年劳动力离开村庄,村落的消失也在持续。因此有专家称城镇化的加速过程,也是农村加速凋敝的过程。

国外学者普遍认为,发展中国家的城市扩展就是通过农村中未就业或未充分就业的人口转业到城市中得到发展的,城市人口数量与该国经济发展水平不相适应,就出现了"过度城市化",这个比例过高会给人民生活质量带来危害③。中山大学《中国劳动力动态调查:2015 年报告》指出,中国劳动者年均收入城乡贫富差距有 21 倍;国家计生委家庭司 2015 年通报中介绍,中国家庭收入差 19 倍,一二线城市和农村差距明显。城市与农村的收入差问题,导致农村人口无秩序地流入城市,使得区域性人口红利和公共服务支出成为人口净流入城市难以调和的矛盾④。

其次是市民化滞后,片面追求城镇化率。

---

① 埃森哲,中国科学院虚拟经济与数据科学研究中心.迈向新资源经济:推动中国城市和谐转型——爱森哲中科院新资源经济城市指数报告 2015.第 16 页.
② 谭文娟.专家称:中国古村落数量每天消失 300 个.京华时报,2014 - 01 - 13.
③ [美]史蒂文·瓦卡著.社会变迁.王晓黎等译,北京大学出版社,2007 年,第 88 页.
④ 李爱民.中国半城镇化研究.人口研究,2013 年第 4 期,第 91 页.

2014 年我国的城镇化率,按照常住人口统计为 54.8%,按照户籍人口统计是 35.9%。这二者之间有 18.9 个百分点的差额,主要构成就是 2.5 亿左右的农民工[①]。

第一,农民工[②]城市融入的困难。

伴随着工业化和城镇化出现的农民工是我国产业工的主力,是城市建设的主力军,然而他们在融入城市生活、成为新市民的过程中陷入了困境,这个群体被学术界称为城市的边缘群体或弱势群体,从文字描述中也可窥见农民工在城市的境遇。中国社科院发布的《2011 中国城市发展报告》蓝皮书指出,农民工市民化进程缓慢已成为中国最突出的民生问题。中国行业研究网指出,2014 年中国农民工市民化进程止步不前。《中国城市发展报告(2010)》指出,2010 年中国就已经成为世界上最大的"钟摆式移民"国家,农民工"钟摆式"的流动现象,正是我国农民工市民化滞后最明显的表象。我国城镇化的过程中,虽然快速地完成了土地城镇化,但是农村人口并没有同步融入城市,大量的农民工"钟摆"于城乡之间。

城市的生活成本远高于农村,对绝大多数农民工来说,在城市的生活举步维艰,甚至还不如农村。之所以留在城市,还是因为农村人口密集,缺少就业机会,农业收入又远低于工业和服务业的收入。而在城市尚有转机的可能,子女也能受到更好的教育。在作者调研中发现一代农民工[③]中相当数量的人,对老家还是有认同和感情的。他们通常认为自己只是城市的过客,年轻时靠体力打拼养家糊口,年老

---

① 蔡继明. 努力提升我国真实城镇化率. 经济参考报,2015 - 03 - 09.
② 农民工指的是户籍仍在农村,在本地从事非农产业或外出从业 6 个月及以上的劳动者。
③ 一代农民工是生于二十世纪五六十年代,改革开放之后进城打工的群体。有如下特征:文化程度偏低,一般只有小学或初中文化,男性居多等等。

还是回农村。而大多数新生代农民工①则非常渴望融入他们成长和生活的城市，成为新市民的意愿较高，但是现实中存在太多制约因素。这在农民工本身表现为就业不稳定、基本生活保障(医疗、住房、教育、保护)欠缺、随迁子女教育的困扰。在城市表现为广泛的社会排斥，包括经济、社会、文化和心理多个层面。离不开的城市与回不去的故乡，可能是每个进城务工农民的心结。

第二，留守群体的无奈与无助。

农村"空心化"早已是不争的事实，大规模的留守群体(也称"386199"群体)在中国农村尤其西部农村呈现出普遍的现象。"386199"群体，是指中国快速城镇化的过程中，农村的青壮年劳动力进城务工，而妇女(38)、儿童(61)和老人(99)等亲属则出于各种原因(经济原因为主)只能留在农村生活，这些老弱妇孺形成的群体。政府在今年的留守儿童②摸底中指出，我国3个未成年人中就有一个处于留守或流动状态，为国家治理、社会管理带来很大挑战③。留守儿童长期缺乏亲情关爱、家庭教育功能缺失，极易导致心理畸形走上犯罪道路。2016年2月，国务院印发《关于加强农村留守儿童关爱保护工作的意见》，其中指出："农村留守儿童问题是我国经济社会发展中的阶段性问题，是我国城乡发展不均衡、公共服务不均等、社会保障不完善等问题的深刻反映。"留守的老人和妇女同样面临着由于村里青壮年劳动力缺乏带来的一系列问题，老人不但不能"养儿防老"，而且经济负担过重，大部分甚至还承担着养育孙辈的责任。对于留守妇女来说，她

---

① 2010年中央一号文件首提"新生代农民工"一词，指的是1980年以后出生并在城镇务工的青年农民，当前的农民工中，数量上新生代是主体。与老一代农民工相比，有如下特征：年纪轻、务农经验少、对农村情感较少、受教育水平较高、城市融入的需求较高等等。
② 0—14周岁，父母在外打工超过3个月就定义为留守儿童。
③ 张国. 我国将首次摸清留守儿童底数. 中国青年报, 2016-03-27(01版).

们是目前农业生产的主力,但同时又承担着心理和生理的双重压力。

2."外生式"城镇化内在机制的理论解释

第一,城镇系统运转方面:外来控制的主导。

帕森斯在"功能必要条件理论"(AGIL)中指出系统生存与发展只有满足其所需的四个条件,适应(adaptation)、实现目标(goal attainment)、整合(integration)以及模式维持(latent pattern maintenance),才能促进社会发展。反之则会产生许多经济社会问题,阻碍经济社会的转型与变迁。"外生式"城镇化恰好没有满足"整合"与"适应"这两个条件,在城镇化的过程中具有强势话语权的城市文明和工业文明的入侵,导致了中国长达千年的传统农耕文明的断裂。社会发展的自然演进规律被打破,传统性因素的瓦解与现代性因素的形成的异步性造成了错位,断裂与错位又进一步阻碍了新型城镇化目标的实现与模式的维持。城镇化发展应该是社会经济和文化各个方面因素的磨合和适应的过程,而后发外生型的城镇化在很大程度是人为刻意"制造"出来的,系统运转缺乏各个因素之间适应过程。这表现在:结构失衡,农业、农村与工业、城市在经济上的二元分化,城乡差距拉大;空间失衡,中西部地区的城镇化水平不均衡;要素失衡,城镇化中的人–地的不匹配;文化错位,传统文化与西方文化的碰撞冲突,导致传统文化的解体,其所承担的社会整合功能消失,即传统的价值观和约定俗成的规矩消失,社会秩序容易陷入混乱。

第二,城镇化的动力机制方面:政府的推进。

中国的城镇化因为缺乏现代化和工业化的积累,因此政府不仅充当了城镇化的直接引导者,而且是城镇化的实际组织者。通过政府强有力的行政手段的干预,"自上而下"有计划地发展城市和推动农村人口向城市转移集中。在城镇化初期,自上而下的改革方式,是与我国长期以来实行的计划经济模式相匹配的。从实际效果上看,包办政策也确实起到了巨大的推动作用,我国的城镇化率提高迅速。城市的发展、经济的提速,都是有目共睹的事实。但在这个过程中,政府政策(主要包括户籍制度、土地政策、行政区划政策和金融投资政策)的制定和实施,一方面忽视了市场环境的影响、本地资源的整合与人的积极主动性的发挥;另一方面出现了边际递减效应,即随着时间的推移,政策的规范和引导作用不断减弱。

第三,城镇化的路径方面:外部借鉴和外来价值观的左右。

西方的城镇化进程开始得很早,到中国进行城镇化的阶段,整个国际由西方主导的经济政治秩序已经形成。在这样的背景下,外部因素对中国的城镇化产生了越来越重要的影响。中国要加速完成城镇化的任务,就必须实施开放的政策,借鉴西方的东西,自觉将己纳入世界体系中去。这表现为:有形的方面,在各个领域引进先进技术,进行产业结构调整,促进社会变革;无形的方面,西方文化和价值观的示范效应。中国城镇化过程中所借鉴的技术、文化、发展模式,是西方国家城市化内部发展自然积累出现的。而在中国由于是人为地引入异质,于不同的国情下运作,结果产生了不同的效应,出现了畸形的现象,城镇化质量不高越发明显。城市经济的聚集效应和分税制,使得各地政府都把房地产作为拉动 GDP 的支柱产业,房地产的发展导致城市的土地边界拓展与城市规模的扩大,城市人口迅速增加。一切以投资规模扩大、产业布局发展和 GDP 数字提升为表征的政绩观,就成为当下城镇化过程的现实要求。[1]

综上所述,我国的城镇化,由于是在缺乏现代化条件下的、政府一手推动的外生型城镇化,因此在城镇化进行的过程中就出现了城

---

[1] 刘祖云,范虹珏. 中国城镇化:基于社会互动的理论考察. 学海,2014 年第 6 期,第 17 页.

乡失衡、传统文化解体及政府与市场关系错位的畸形现象。且自始至终,"人"的发展是完全被忽略的,对本土资源的利用整合方面也是严重不足。

四、中国城镇化"内生式"发展的现实依据:苏南"城镇化发展模式"的实践

苏南地区是我国城镇化率较高和农民工比较集中的地区,市民化[①]程度也比较高的地区。该地区的城镇化率保守估计已经超过了 70%[②],达到了中等发达国家的水平。具有苏南特色的《苏南现代化建设示范区规划》是中国第一个以现代化建设为主题的区域规划。"内生发展"的理念在规划中体现无疑,其中最重要的实践思想就是整合,以大众参与为基础,将本土的资源、本地的人与大环境、大市场相结合,从而形成自己的独有的"本地导向"模式,并维持该模式的运行。

1. 融合发展:以本地控制为导向性。

第一,以乡镇企业的兴起与转型推动经济的可持续性发展

苏南地区从宋朝开始就是人口密集之处,历史上人均耕地面积长期低于全国平均水平,农村劳动力一向过剩,人地矛盾日益突出。因此最初的城市隔离,到改革开放打开城乡之间的大门,最先发力的地点就是在农村。中国农村以乡镇企业的发展为动力的地区发展由于其较强的自主性而被评为内发型发展[③]。这种以乡镇企业为基础

---

① 农民工成为该国家或地区城镇居民占总农民工数量的比例。
② 南京农业大学发布的《江苏新农村发展系列报告 2013》指出,苏南城镇化率已经达到了 72.7%;《江苏省新型城镇化与城乡发展一体化规划(2014—2020 年)》披露,苏南城镇化率为 73.5%。
③ 陆学艺. 内发村庄. 北京社会科学出版社. 2001:9.

的县域经济发展的模式被称为"苏南模式",是中国县域经济崛起的样板之一。乡镇企业的兴起与发展夯实了日后乡镇发展的经济基础,为农民市民化跨出了第一步即职业转变。

九十年代末兴起的工业园区和经济开发区建设是苏南经济转型的重要标志,化工、IT、水泥、机械设备、纺织是苏南工业的支柱产业,其制造业发展水平在全国处于领先水平。但是近年来人力成本的提高、市场空间缩小、资源短缺和环境保护,促使苏南传统制造企业实现"自动化"转型,以"机器"实现自动化管理;以服务提高竞争力;以自主研发提高企业的生命力。工业园区、经济开发区的建设和产业转型,不但带动了农村地区经济转型突破、促进了经济的可持续性发展,而且改善了区域内农民生活环境、加深了农民市民化程度、为就地城镇化提供了经济条件。

第二,以水乡特色的水生态文明推动生态环境的良性循环

苏南地区是历史上著名的江南水乡,水是苏南生态环境的灵魂。但是在工业迅速发展下,类似太湖蓝藻事件这种河水污染的情况频繁爆发,无论是太湖还是经于此的京杭运河段、平江河等等,在过去的几十年中都经历过水环境急剧恶劣的挑战。在这样的压力下,苏州、无锡和常州都提出了以水生态文明推动环境建设,尤其是无锡和苏州是全国水生态文明的试点城市。以"水"为城市主题的环境整治工作和以太湖流域水环境综合治理方案的出台,使得苏南的水生态环境得以再现过去典型的江南水乡的美景。苏州的同里镇、无锡宜兴的湖㳇镇都是以水生态旅游为特色的水乡小镇。

第三,以吴文化为底蕴推动传统文化的构建传承

苏南地区是我国吴文化的传承地,比较有代表性的有无锡的泥娃娃、紫砂陶,苏州的刺绣、评弹、园林,常州的梳篦、锡剧等等。在城镇建设中吸收与加强地方文化特色,如2014年12月1日,联合国教科文组织宣布,批准苏州作为"手工艺与民间艺术之都"主题城市,完美地诠释了其除了园林和大运河之外,以苏绣为手工艺代表的文化特色城市。无锡宜兴的丁蜀镇是我国陶文化发源地,紫砂就是这个镇的名片和特色,该镇设有陶瓷博物馆、每两年举行一次陶瓷文化节。常州的焦溪小镇,就是传统文化保存得较好的文化小镇,不但现存了大量明清时期的建筑,而且民俗文化的非遗传人都还在。

2. 以人为本

第一,以服务大众为导向性

(1) 以完善基础公共设施打造公共服务的一体化。

学术界一致认为,苏南大规模的"造城"始于 90 年代,这一时期由于苏南县域经济的崛起以及国家"城镇化"政策的引导,苏南地区的公共基础设施得到了很大的改善。尤其是在农村或城市近郊工业园区和经济开发区的建立,这些之前的农村地区成功地转为工业化比较发达、配套设施比较完善的地区,而且随着经济不断地深入发展,园区类其他设施如医院、学校等公共设施越来越健全[1]。自本世纪初开始,苏锡常各市便将为农村办实事列入每年政府的重点计划,以着力解决交通、水电气供应、环保基础设施为重点,统一布局,统一建设,力求形成"无缝对接"、城乡一体的基础设施网络[2]。

(2) 以健全基本福利政策保障公共权益的均等化。

苏南地区以前的福利政策只涵盖城镇居民户口,而现在城市户口的价值逐渐被淡化了。除了具有地方特色的农民集体补助不断提高之外,农村社会基本保障体系也已经初步建立,目前主要有居民最

---

① 范虹珏.苏南"城镇化发展模式"下的本地农民市民化的历程.社会科学家,2015 年第 11 期,第 79 页.
② 江苏省发改委文件,2013 - 05 - 23 http://www.jsdpc.gov.cn/pub/jsdpc/ztxx/snjj/jjfz/cxyth/201210/t20121009_283140.htm。

低生活保障、农村基本养老保险、农村基本医疗保险等等,2015 年底之后城乡低保合并。2010 年,苏州新农保覆盖率率先达到 100%[①],无锡为 95.5%[②];常州于 2011 年底达到 100%[③]。除此之外,征地以及失地农民还有拆迁安置和征用土地的补偿保障、就业培训保障、农民教育保障、农业保险政策保障和进城务工农民社会保障。在"内生性"方面做得比较有特色的是,针对农民(工)的就业培训(包括与企业联合的托底培训和"SYB 创业培训[④]")和民工子女的义务教育保障制度,以及"集宿化"制度。"集宿化"是苏南针对外来农民工政策的创举,是指政府牵头为买不起商品房又不符合廉租条件的外来农民工提供低廉安全、生活设施齐全的集中居住公寓。近年来正规企业工作的农民工均被纳入了住房公积金的范畴内,在常州和苏州,从2014 年起外来务工人员可以提取公积金租住打工公寓或者购买住房。

(3) 以就地转化方式提升新市民的认同感。

中国人在生活习惯和文化模式上是认同"县域"概念的,如果有发达的县域经济,人们就会到附近县城就业定居,而不是远途迁移。[⑤]1970 年托达罗提出的人口迁移模型中指出:人口流动是一种经济现象,主要受预期经济收入的影响。城市收入明显高于农村,因此即使城市失业率高,出于经济利益的驱动农村人口还是不断向城市流动。只有当城市与农村的预期收入相等,这个流动才能基本均衡。在目

---

① 高新区社保工程率先基本实现现代化. 姑苏晚报,2012 - 09 - 12.

② 无锡市统计局. 2010 年无锡市国民经济和社会发展统计公报. 2012 - 09 - 07。

③ 常州市武进区湖塘人民政府文件:《湖塘镇 2011 年工作总结》,2014 - 07 - 01。

④ SYB 的全称是"start your business",本质上就是创业培训。包括转变就业观念,激发创业意识和掌握创业技能等等。

⑤ 李强. 清华大学社会科学学院院长:城镇化核心是农民市民化. 环境与杂志的访谈,2013 - 04 - 22。

前的情况下,就要促进农村地区经济的发展,扩大农村的就业机会,缩小城乡之间的经济差距。在研究苏南城镇化时,可以发现,苏南的县域经济非常之发达,2015 年全国百强县的前五名集中于苏南地区。纵观苏南城镇化的过程,也是县域经济崛起的过程。县域经济的发达,为农民在自己家门口提供了更多的就业机会。无论是在农民转化为市民的成本计算上,还是在整个国家城镇化战略政策上,在农民的情感归属上,增强本地经济实力、开拓就业市场和完善公共设施的"就地城镇化"无疑是更好的途径。

第二,以吸纳社会力量为导向性

苏南社会力量的参与,主要表现在城镇化建设中对民间资本的吸纳。政府通过建立民营资本投资(半)公益性项目或者公共设施的激励和回报机制,鼓励更多的民间资本参与社会公共基础设施的建设。一般会采用国际通用的经济融资 BOT(build-operate-transfer)模式,即建设-经营-转让模式。如《无锡市养老机构条例(草案)》,鼓励社会资本举办和运营养老机构;常州市《关于创新重点领域投融资机制鼓励社会投资的实施意见》,支持社会资本特别是民间资本投资公共服务、资源环境、生态建设、基础设施等重点领域。且无锡的福利院已经开了先例,无锡市政府无偿为民营企业扬子基础建设工程有限公司提供土地和各种优惠政策,由该企业全额投资建设福利院,经营权归投资者所有,40 年之后无偿交付于当地政府。根据地区统计局的数据,苏州 2016 年 1~7 月,民间投资完成 2015 亿元,占全社会投资的比重为 58.4%[1]。常州市完成民间投资 1580.2 亿元[2]。无锡 2016 年 1-5 月,民间投资完成 1258.09 亿元,占全社会固定资产

① 数据来自苏州统计局官网 http://www.sztjj.gov.cn/Info_Detail.asp? id=23228。
② 数据来自常州市统计局官网 http://www.cztjj.gov.cn/html/tjj/2016/OPOEMFCL_0815/13074.html。

投资比重超 69％①。但是这三市，无一例外都称这段时间内，民间投资增速放缓，动力不足。

五、中国城镇化"内生式"发展的建构路径

实现人的城镇化，关键是要让农民变成市民。除了完善中小城市配套环境，解决农民土地问题外，"尽量减少政府对市场的行政干预，让市场在城镇化建设中起决定性作用才是根本"②。如何实现就地城镇化的目标，留得住人，就是要实现城镇化的"内生式"发展。通过内生机制的作用，增强城镇的活力，增加就业机会，留住农村劳动力，吸引本地农民就地城镇化。

"内生发展"强调的不仅是城镇化率，更重要的是强调城镇本身依托和整合内部资源可持续发展的过程，是农民从物质、心理和制度上认同为市民的过程。城镇发展可以借助外力，在全球化的浪潮下，也必须借助外力，但最重要的是整合本地资源，以本地控制和本地价值为主导。因此建构路径主要从城镇与人的内生性发展两方面去考虑：

1. 促进城镇的内生性发展

第一，振兴乡土工业：以本地资源为基础

早在二十世纪三四十年代，费孝通就提出了乡土重建的思想。即通过发展乡村工业来增加农民的收入，将以农业为基础的已趋衰落的传统乡村"重建"为包含现代工业文明的工农相辅的"新农村"③。

---

① 数据来自无锡统计局官网 http://bot. wuxi. gov. cn/ss/search? searchTarget＝self&dsId＝tj. wuxi. gov. cn&dsText＝无锡市统计局 &q＝民间投资。
② 严介和."探寻中国发展型魅力城市"会议上的讲话，北京，2014－03－29.
③ 李国珍，张应良. 村庄衰落的多维表现及有效治理. 改革，2013 年第 5 期，第 94 页.

"发展乡村工业并非简单地恢复传统乡村工业,而是将传统的乡村工业改造成一种新型的'乡土工业'。乡土工业的形式可以是手工的,也可以是机器的;可以是家庭性的,也可以是工厂性的。关键是这种工业不同乡村隔离,在原料、劳工、资本等方面以乡村为来源。"①因此本地乡土工业是在本地优势资源的基础上,开发特色产品和服务。通过企业投入技术和资本,对资源进行加工和再塑造,发展特色产品。在特色产品的基础上,形成特色产品的产业链。

第二,培育特色中小城镇:以特有的 IP 为突破口

在推进人的城镇化的过程中,要尊重农民的选择,赋予村民选择以何种方式建设自己家园的权利。纵观苏南城镇化的过程离不开工业的支持,但是农村城镇化和农民市民化不一定必须要发展工业。农民有稳定的收入、农村实现现代化就是农村城镇化和市民化的目标。"十三五"规划纲要中明确提出要在未来五年中加快发展中小城市和特色镇,"因地制宜发展特色鲜明、产城融合、充满魅力的小城镇。"近来"镇级市"的概念频频被提及,"镇级市"最重要的就是让乡镇具有城市的功能呢,特色中小城镇是突破口。突破的关键就是 IP,IP 就是不同小镇的特色。特色 IP 的基础是特色产业链,无论是旅游小镇、制造业小镇、文化小镇都必须建立在特色产业的基础上。首先,产业规划与小镇整体特色相匹配。政府要从小镇自然环境或者文化氛围的整体特色引导产业规划,产业规划要注意保护小镇的自然环境和挖掘小镇的文化内容,注重产业与生态、文化的整合。其次,产业发展要以提高市场竞争力为目标。以市场经济为导向,政府要积极引导产业的发展规模和方向,注重高端产业、新兴产业与传统产业的融合发展,以提高特色产业的竞争力。

---

① 阎明. 一门学科与一个时代. 清华出版社,2004:163.

第三，重建中国传统文化：以传统民俗风情为根本

大众媒体的普及、信息的公开以及人口的流动、价值观多样化、农民的生活方式、行为方式、思维方式和道德准则都发生了根本性的改变，农村文化受到冲击，乃至于中国传统的农耕文明受到了工业文明摧残性的打击。建筑师、2012年普利兹克建筑奖获得者王澍在2016年"TEDx上海"活动中，呼吁城市向乡村学习。中国传统文化是一种农业文明，它的根在农村、在农业、在农民当中，有稳定的结构和自我更新能力。这种内在的稳定性和整合性，也是中国传统农耕文化能传承千年的重要原因。重新认识地区文化、家族文化以及宗教信仰的整合作用，寻求促进内发发展的文化动力，促进农村文化教育的发展，对于社会秩序的重组具有举足轻重的作用。① 首先，要对传统文化进行场景再现。消除乡土文化的偏见，宣扬"小桥流水""日出而作日落而息"的幸福惬意的生活方式，进行地区文化、家族文化的再整合，如地方志和族谱的再修订，增加对传统习俗的认识度和认同度。文化冲击中被抛弃和打倒的民风乡俗，选择恰当的时机重现，呼吁号召村民参与；其次，要加强对城镇空间的合理规划，以本区域长期形成的民俗风情为基础，以此作为小镇对外宣传的名片；再次，政府出台保护政策传承民俗风情，如对非遗传人的物质精神鼓励、对特色产品配方的保护、举办相关的文化活动。

第四，留住农村精英：以政治和经济激励机制为鼓励

早在2001年陆学艺在对河北三河市行仁庄的田野调查中就指出：农村（社区）精英是农村社区内发发展的主导力量。农村精英是农村的"核心人物"，掌握着村庄的优势资源。中国乡土社会最重要的特征之一是差序格局，因此出生于村庄的农村精英的言行举止对

---

① 陆学艺主编. 内发的村庄. 社会科学文献出版社，2001：6页.

农村和村民的发展起到示范作用。与一般村民相比,他们具有较多的资金、较好的技术和较先进的文化理念等特征,这也就决定其在新农村建设的主导力量。帕森斯在其"社会结构理论"中就提出:社会行动系统往往通过地位、角色把个人与他人结合起来,从而把个别行动整合为社会行动系统。首先,要提高农村精英的政治参与的积极性。政府要给予他们恰当的政治身份,任命为村中的管理层,参与村庄建设管理。最好是能够职业固化,同时配备完善的工作和社会保障机制;其次,给予农村精英在经济上的鼓励。形成一套稳定有效的经济激励机制,如允许和鼓励其在农村创业,并在创业投资方面设有优惠政策扶持。

第五,鼓励公众参与:以有效有序性为原则

城镇化的加速,促使农民工和失地农民成为中国数量最大的边缘群体。近年来,农民工与失地农民群体性事件的频发,证明公众缺乏有效有序的意愿表达途径。首先建立群众的知情机制。在大多数情况下,公民参与的动力通常来自于获取公民接受政策的需求,公民的接受是决策成功实施的先决条件。[1] 因此建立透明便捷的公众信息知情平台是前提,如建立政府信息公开网站,公布与城市建设与民生服务相关的政策和项目;完善政府与群众的互动反馈系统,信息平台上要有公示栏与意见栏,以便政府机构及时收集民意与反馈处理信息。其次建立公众表达的组织化机制。"让农民能与其他组织进行有效的谈判和博弈,真正达到保护自己利益的目的,就必须把单个、分散的农民组织起来,组成自己的农会"[2]如在乡村社会,可以建

---

[1] [美]约翰·克莱顿·托马斯.公共决策中的公民参与:公共管理者的新技能与新策略.孙柏瑛等译,中国人民大学出版社,2005:98.

[2] 于建嵘.当代中国农民维权组织的发育与成长——基于衡阳农民协会的实证研究.中国农村观察,2005 年第 2 期.

立农民自己的农会和农村社区组织；在城市农民工集聚地，将农民工纳入工会中。通过组织，理性地表达和维护自己的权益。

2. 促进人的内生性发展

城镇的社会经济、生态环境和文化都是城镇化建设的硬件条件，人的发展与人的素质是城市建设的软件。马克思说，人是生产力中最活跃的因素。提高劳动者素质和增强人的主观能动性是促进人内生性发展的关键，而教育则是最重要的实现方式。"在所有有计划的变迁的实现方法中有一个共通的元素，那就是将有意识地运用和应用知识，作为改变模式和实践机构的工具之一。他们的取向主要是关于教育变迁……"①舒尔茨认为通过教育形成的高水平的人力资本可以促进个人或者社会的经济增长。因此促进人的内生性发展最重要的方式就是教育培训：

第一，提高农民（工）的人力资本存量：以继续教育培训为手段。

城镇化过程中，人力资本存量的不足是农民（工）经济陷入困境的主要原因，也是其融入城市生活困难的主要障碍，为农民（工）增能是"内生式"城镇化以人为本的发展目标之一。人口红利逐渐消失之后，无论是社会经济发展需求，还是人自身的发展要求，都需要从提高劳动者素质入手，继续教育和培训就是主要方式。首先，要建立区域性的农民（工）就业培训机制。政府按人头掏钱或者行政命令招工企业安排就业培训，以及政府与企业联合的托底培训。有条件或者有更高需求的地区，可以进行农民（工）"SYB创业培训"。其次，建立农民（工）就业培训机构。如苏州建有专门的建筑工继续教育学校等，诸如此类的专业培训机构。就业培训不但提高了劳动者的素质，还提高了农民工的收入，让其在城市中能够"留得好"，进而顺利的市

---

① [美]史蒂文·瓦卡. 社会变迁. 王晓黎等译，北京大学出版社，2007：286.

民化。

第二,提供义务教育保障:以公平合理的教育政策为保障。

青少年是未来的劳动者,是城镇未来的建设者和居住者。保障农民工子女和留守儿童能够平等地接受到义务教育是人的内生性发展的基础。城镇化开始之后一方面,农村人口向城市的无序流动,城市承载力不足,农民工自身工作不稳定和流动性强的特殊性,导致农民工子女的义务教育得不到保障。另一方面,农村"空心化"现象,农村文化凋落,导致留守儿童的义务教育资源配置薄弱。因此就需要通过政府的政策合理有效地分配资源,从而保障适龄青少年接受义务教育的权利。如苏南地区基本上实施的是"同城待遇、同班学习、同步发展"的"三同"教育,政府提倡"以公办入学为主"。相对宽松的入学条件,保证了绝大部分的农民工子女和留守儿童能够就近入学公办学校,接受平等的义务教育。

总之,中国城镇化的发展要结合中国的国情和社会发展规律,要尊重农民的意愿,进一步挖掘中国传统文化的底蕴、将发挥人的主观能动性与本地现有资源相结合,走一条"内生式"城镇化发展的道路。

农民的"逆城镇化"：原因与对策

刘成晨

一、引言

据 2016 年 5 月出版的《河南城市发展报告（2017）》显示："2017 年河南常住人口城镇化率将突破 50%，从而实现乡村型社会向城市型社会的历史性转变。2016 年，河南充分发挥规划引导作用，推动产城融合发展，优化城镇化空间布局，初步形成以城市群为主体形态、大中小城市和小城镇协调发展的新格局，新型城镇化进程不断加快。截止到 2016 年底，全省常住人口城镇化率达到 48.45%，比 2015 年末提高 1.6 个百分点。近五年来每年约有 200 万农业人口转移到城镇。预计到 2017 年，河南常住人口城镇化率将突破 50%。"[①]又据陕西省的资料显示："2016 年，在西部十二个省（市、区）中，陕西城镇化率居第四位。2016 年城镇人口增长至 2109.9 万人，较 2011 年增加了 339.65 万人，年均增加 67.9 万人。"[②]，再就全国而言，"目

---

① 张占仓等. 河南城市发展报告(2016). 北京：社会科学文献出版社，2016:14—15.
② 张维. 10 个省份城镇化率超过 60% 陕西去年移民搬迁 74 万人. 2017-6-15[2017-6-17]，http://city.qq.com/a/20170615/040067.htm.

前我国有 13 个省份的城镇化率超过了全国平均水平(57.35％)，有
10 个省份超过 60％，主要分布在沿海发达地区，其中上海、北京和天
津均超过 80％，达到了发达国家的水平。"①如此，处在中部的河南省
和处在西部的陕西省与全国发达地区的城镇化率之差距，还是比较
明显的，这主要是经济发展所致，当然也与地方的发展策略有一定的
关系。

就全国平均的城镇化率来说，截止到 2016 年，数据为
57.35％②，显然，发达地区的数据要比这个高，而河南省的数据比这
个低 8 个左右的百分点，再提高 8％的城镇化率对于中部地区的省份
而言，并不难。因为，一方面国家的战略如此，预计在 2030 年可以达
到 70％左右③。更何况，就目前的全国情况来说，"从城乡结构看，城
镇常住人口 79298 万人，比上年末增加 2182 万人，乡村常住人口
58973 万人，减少 1373 万人，城镇人口占总人口比重（城镇化率）为
57.35％。全国人户分离人口（即居住地和户口登记地不在同一个乡
镇街道且离开户口登记地半年以上的人口）2.92 亿人，比上年末减
少 203 万人，其中流动人口 2.45 亿人，比上年末减少 171 万人。年
末全国就业人员 77603 万人，其中城镇就业人员 41428 万人。"④所
以，带动地方发展以提高城镇化的成效是可以有目共睹的。另外一
方面，地方政府对城镇化率的提高也付出若干措施，主要在于关心农

① 张维. 10 个省份城镇化率超过 60％　陕西去年移民搬迁 74 万人. 2017 - 6 - 15[2017 -
6 - 17],http://city. qq. com/a/20170615/040067. htm.

② 见国家统计局：《2016 年中国城镇化率达到 57. 35％》，转自 http://money. 163. com/
17/0120/10/CB7GVOLH002580S6. html,2017 - 1 - 20,上网时间：2017 - 6 - 17。

③ 参见潘家华：《中国城镇化率达 54. 8％ 2030 年将达 70％左右》，社会科学文献出版社，
2015 年版，转引自 http://news. 163. com/15/0929/09/B4M1FNPE00014JB6. html,
2015 - 9 - 29,上网时间：2017 - 6 - 17。

④ 国家统计局. 2016 年中国城镇化率达到 57. 35％. (2017 - 1 - 20)[2017 - 6 - 17],
http://money. 163. com/17/0120/10/CB7GVOLH002580-S6. html。

民入城的"住房问题""就业问题""观念问题""生活习惯问题"等。

（图片来自网络）

反之，即便国家的城镇化战略再好，也可能因为地方的作为不力导致农民回流，或者农民不愿意进城，即便身在城市但是户籍在农村，从而城镇化率（全国的平均水平）被拉低，出现逆城镇化的现象。例如"近年来浙江、江苏、江西等省部分地区频发农村籍大学毕业生'非转农'现象，愈来愈多的农村籍毕业生把户口迁回农村。此外，一些城市的市郊拆迁项目增多，加上国家各类惠农政策出台，农村土地带来的利益不断增厚，不仅一些农民工不愿意舍弃农村户口，甚至很多原有城市户籍的人口，也希望换成农村户籍，分享发展成果。制度性因素是造成这一局面的原因。"①"在安徽省，在农业人口达 150 多万人的霍邱县，2015 年全县农业户口迁入城关镇落户的仅 273人。"②"在湖北省，也有农民返乡抢地的现象。根据调查，W 夫妇在广东中山打工近 10 年，回乡之前在一家纺织厂上班，年收入达十五

---

① 中国城镇化尚未成功"逆城镇化"却悄然涌现. (2016－5－29)[2017－6－17],http://opinion.hexun.com/2016-05-09/183756181.html.

② 农村户口"含金量"提升,有地方现"逆城镇化". 每日新华电讯,2016－7－20,第 2 版.

六万元。尽管工资不低,去年底他们还是执意辞职回乡种地。前几年行情不错,厂里大部分产品出口欧美,现在明显缩水了。W 说,以前厂里有 700 多名员工,现在只有 300 多人,本打算今年再回乡种地,因为企业前景问题,担心哪一天失业再回来就迟了。"[①]从这些现象、数据和说法来看,造成农民返乡或不愿意进城的原因可谓繁多,农民对于城市究竟在担忧什么? 如何破解?

二、什么是"逆城镇化"

"所谓逆城镇化,是指由于交通拥挤、住房紧张、污染严重、犯罪增长等城市问题的压力日渐增大,城市人口开始向郊区乃至农村流动,在那里形成一个绿色的生态环境的过程。"[②]《第一财经日报》在2016 年也曾经刊文指出:"国家一直致力于推进城镇化和放开城市落户限制,但作为一个发展中国家,我国却出现农民落户城市意愿低,甚至很多人欲将户口迁回农村的'逆城镇化'现象。"[③]还有人认为,逆城镇化是指"城市人到农村买地购房导致人口从城镇往农村的回流的现象。"[④⑤]

---

① 刘晨. 农民返乡抢地:新型城镇化的困境与战略调整. 四川理工学院学报(社会科学版),2016(6):1—10.

② 袁金辉. 逆城镇化:城乡一体化的有效途径. 行政管理改革,2014(11):58—61.

③ 农民落户城市意愿低"逆城镇化"现象出现. 第一财经日报,2016 - 7 - 21,C2 版.

④ 有学者指出:从目前所谓"逆城镇化"现象来看,主要集中在两方面,一是人进了城镇,或者在城镇买了房,但户籍还在农村;有的甚至人与户籍都进了城镇,但村里的土地承包权、宅基地使用权以及集体股份收益权等"三权"仍然没有放弃。二是本来户籍在城镇的人,"逆行"落户到乡村,或者到村里"买地置产",希望过上晨曦伴鸡鸣、日暮理乡愁的田园生活。详见 http://finance. ifeng. com/a/20160909/14869364_0. shtml,2016 - 9 - 9,(转下页)

其实,他们所说的逆城镇化是指"回流"到农村生活,不愿意在城市里"享受"非绿色的、污染严重的、住房成问题的环境,同时对户籍进行回迁或者身在城市而户籍放在农村(或者在农村买房)的现象。他们认为农村户籍更值钱,对其预期也较好。可是,我们觉得这些定义并未精确地表达出这种现象,"逆"主要是指"反向的流动",这里面包括"城市户籍的回流""农村人到城市以后再回农村"等,最为关键的是"在农村就业"(例如种地、养殖等)、"在农村生活"(长期甚至终生在农村)、"户籍在农村"(人也要跟着户籍在农村)。

基于这三个指标我们可以看到,无论是大学生的身份回迁还是城市里的人到农村买房实质上都不能算作"逆城镇化",因为他们"身"不在农村,只是说"户籍"放在了农村或者表面上在农村生活。如果与"农民返乡抢地"进行生活与创业相比,更不是"逆城镇化"。

三、农民"逆城镇化"的原因

"趋利避害是人的自然选择。出现'逆城镇化'现象,显然是理性选择的结果。"[①]同时,农民进行逆城镇化的选择在本文看来与"理性的小农"(S. Popkin,2014)有一定的关系,这个概念在农村研究的人眼里并不陌生,其主要是说他们的选择是农民经过计算后的结果。

(接上页)上网时间:2017-6-17。还有人认为,"逆城市化广义上来说是城市化后期大城市的人口和就业岗位向大都市的小城镇、非大都市区或远方较小的都市区迁移的一种分散化过程。狭义上来说一些大都市区人口迁向离城市郊区更远的农村和小城镇的过程。我国的逆城市化首先表现为现代化基础设施开始向农村延伸,其次表现为城市市民福利制度开始覆盖农村。"见《中国出现逆城市化的原因》,原载 http://www.xuexila.com/yuanyin/799097.html,2016-7-8,上网时间:2017-6-17。

⑤ 王永龙.逆城镇化:当前城镇化建设中的现象透视——基于安徽省和县城镇化的调查与思考.哈尔滨市委党校学报,2011(2):19—23。

① 参见《"逆城镇化",尊重个人权利是首位》,原载《京华时报》,2016-7-20。

问题是，农民在"计算"什么呢？

就目前来看，主要有以下两种比较有代表性的看法：

（1）经济利益论。"出现逆城市化现象的一部分原因是农民身份获得的利益愈来愈多。不过，并非所有逆城市化现象背后都是巨大的利益诱惑。事实上，不少人选择离开大城市，与无法支付高额的生活成本有关。逆城市化的根本原因在于农村与农民牵动的利益链条愈来愈长，可进入城市后的获益却不多。"①"改革开放和中国城市化的大力发展在推动城市经济发展的同时也直接或间接的推动了农村地区经济的发展。现在的农村无论是在交通设施建设方面还是娱乐设施建设方面都有了很大水平的提高。这就促使和吸引一批人口来农村居住。"②

（2）生活环境论。"一是逆城镇化在一定程度上能缓解大城市中心区域人口过度集中、住宅紧张和交通拥挤等问题。二是'逆城镇化'能改变城市的环境质量和城市品位。三是逆城镇化可以缩小城乡差别。"③"第一，追求宁静的田园生活；第二，人口高度密集，房价过高；第三，城市交通拥挤，工业污染严重。"④

具体而言：第一，就农村的经济而言，据悉"十二五"期间，"农民收入增幅连续6年高于GDP和城镇居民收入增幅"⑤。也就是说，按照目前的经济发展下去，在农村的收入与过去比较而言肯定要增加，

① 中国城镇化尚未成功，"逆城镇化"却悄然涌现.（2016-5-9）[2017-6-17]. http://opinion. hexun. com/2016-05-09/183756181. html。
② 参见《中国出现逆城市化的原因》，原载 http://www. xuexila. com/yuanyin/799097. html，2016-7-8，上网时间：2017-6-17。
③ 2015年我国农民人均收入已突破万元. 新华社，2015-12-25.
④ 同上。
⑤ 见《中共中央国务院关于落实发展新理念加快农业现代化实现全面小康目标的若干意见》（中发〔2016〕1号）。转引自 http://www. moa. gov. cn/zwllm/tzgg/tz/201601/t20160128_5001675. htm，2016-1-18，上网时间：2017-6-17。

且在农村生活的开销较低,这无疑给农民"留在农村"以很大的理由。第二,如今城市的高房价、污染、拥挤、交通问题、休闲水准等都难以和农村相比,而现在在农村,可以用相对低廉的价格购买房地和休闲生活,这对于回农村去又提供了一定的诱惑和理由,所以选择"走向农村"而不是"留在城市"成为一部分人的选择。笔者在调查山西农村的时候即发现了这一点,一些退休的,有能力的,在 7—8 月较热的时候直接回到农村住窑洞,而在冬季再去城市,因为冬天城市里有供暖。

诚然,国家也在考虑这些事情。"2016 年,我国将围绕农民转移性收入、家庭经营性收入、工资性收入和财产性收入,推动农民增收。完善农民收入增长支持政策体系,探索建立绿色生态为导向的农业补贴制度,实施新一轮草原生态保护补助奖励政策并适当提高标准,探索建立农民生态补偿、轮作休耕等补贴。"①这也就意味着当农民有一定资本以后会选择新农村或者直接融入城市里去生活。但是,这是否也意味着,农民的待遇越是提高,越是不容易进城?

综上,在上文中我看到了两种比较有典型性的表达,但我们还未发现另外一个比较重要的因素在影响着进城。如果把前两种称为"制度性"的,那么后面这种就可以称为"文化性"的,即农民心态。本文之所以提出这一点,是希望于补充现有的研究,从文化的角度来探讨城镇化的困境。

就农民心态而言,一方面这是一个比较抽象的概念,很难界定,另外一方面,这的的确确影响着农民进城。"农民心态"可以从两个维度去看,如下:

① 2015 年我国农民人均收入已突破万元. 新华社,2015 - 12 - 25.

第一，保守主义。保守主义是农民的一种心态，尤其表现在"怕"上面，农民不敢进城，有的人说"怕饿死了"，这种怕是基于"无工作""无就业技能"的体现。但这的确是一个问题。例如，有的农民进城，要工作，但是要这样的证件要那样的证件（如电工证等），但是农民怎么可能有这样的证件呢？考这样的证件也不容易，所以无技能是导致"怕"的因素。还有，怕在城市里生活比较陌生，怕没有熟人社会，怕自己的生活习惯与城市里不相容，等等。这些"怕"是"保守"的一种体现，要转变他们的观念，达到"不怕"又非易事。

第二，实用主义。农民对于眼前的利益看得比较重，甚至有的农民要求，进城可以，给我房子，给我钱，他们的要求提得很多，实质上是不愿意进城。同时，如果答应进城，或者不回农村，必须把好处直接摆在我们前面，"眼见为实"会影响他们的选择。

实用主义是农民的一种比较常见的心态，农村人往往以生活上的一些事情来阻拦自己进城或留在农村，例如"我在农村不会饿死，怎么都不会"，这句话当然是实话，农村可以自产自销，自给自足，只要土地在，则就会有收成，只是管理、天气等因素会影响收成有多少，等等。但在城市，什么都要开销，他们又比较舍不得，所以进城或留城很难。

所以，从这些心态、价值观去窥探进城是一个不可或缺的因素，它在一定程度上非常左右农民与城镇化的关系，且会导致逆城镇化的出现，再加上经济利益与生活环境的因素，那么解决农民逆城镇化就显得更加困难了。

四、农民"逆城镇化"的对策

（1）如何破解经济利益导致的"逆城镇化"？

赵秀丽的研究和我们的研究观点有些类似,她认为:"出现'逆城镇化'现象原因在于农民不能以其农民身份及其附着的利益换得对等的利益。因此,在未来的城镇化进程中,必须通过城镇经济、社会发展,提升迁居城市农民的就业和社会保障等手段,提高农民身份转换的积极性,促进城镇化的发展。"[①]所以,要确保不出现"逆城镇化",就需要从制度上进行改变,尤其是改变他们的户籍与身份,享受与市民的同等待遇社会保障,在就业、医疗、住房、子女教育等方面达到平等。

(2) 如何破解生活环境导致的"逆城镇化"?

在本文的研究当中,不愿意承担城市生活环境中的拥挤、交通不便、污染等问题的主要有两种人群,一个是在城市里生活,且有一定经济条件的农民,或者随子女进入城市生活,但还是觉得农村更加休闲、舒适的农民。这类人的城镇化需要的是"让他们生活在城市与乡村之间",而不需要强求。既然有这样的条件,那么就应该尊重,否则教条主义地按照城镇化的规章制度办事,只会导致农民的怨气增加,影响地方政府的形象。另外一个人群是去过城市,但是长期在农村生活,且有条件在城市生活的农村人。他们往往在农村生活得很惬意,无论是子女的教育成本负担,还是在农村的日常生活开支,都有能力承担,且这类人更多的是"乡村精英"的角色。通常,有乡村教师、退伍军人、小卖部的店主、村委干部等,此类可以加强一定的引导和动员,让他们愿意进城。并且这类人群进入城市以后比较好再就业,也比较容易适应城市生活。

同时,对于城市而言,既要提供一定的生活保障,也要提供生活环境安全上的保障。现如今,空气安全、食品安全等的确在威胁着人

---

① 赵秀丽. 农民逆城镇化心理成因及破解对策. 南方农业,2015(24):156—158.

们的健康,而加强法治建设与可持续发展战略势必能化解这类难题。如此,为进城和留城提供可能性。

（图片来自网络）

（3）如何破解农民心态下的"逆城镇化"?

转变农民心态是一个非常复杂的事情,毕竟人的社会化在过去的几十年内已经形成了一定的定势,但也不是说没有办法。我们是否可以用宣传、动员的方式鼓励和引导农民进城? 或者是树立一些典型,让积极分子先入城,让其他人看到入城的好处,这样来一步步地完成转移农民。同时,保守主义与实用主义下的农民,地方政府要循循善诱,而不能采取强制,否则会引起农民的反抗,例如承诺与兑现农民进城后的"子女教育""住房""就业"与"社保",让农民信任政府,这样就会加快城镇化的步伐。这当然需要制度与文化的双向努力才能确保进行得顺利一些。

进一步说,如果农民愿意进城的,也可以让他们去做其他农民的思想工作,对有条件的农民进行劝服,对想返乡的"逆城镇化"农民进行说服,保障城镇化率往往需要一步步的实现,而"赶上楼"不是现代文明的一种尊重农民的体现。（对此,有学者谈到:推进城镇化,是统筹城乡发展的必由途径,其根本目的是在发展农村经济和农业生产的前提下,实行农村劳动力有序转移。然而,必须正视的是,过去一些地方的城镇化,演变成了"地产化"、甚至"楼市化"。特别是,一些县级政府受"土地财政"的驱使,打着推进城镇化和统筹城乡发展的旗号,擅自改变土地用途,大量侵占农业用地,不惜驱赶农民"洗脚上楼",当无地可耕的"楼主"。这显然与中央精神背道而驰。①)

总之,在制度与文化上双管齐下,才能确保"逆城镇化"的"进行"。我们认为,它既然是存在的,就是有原因的,而找出的这些对策是否能够解决和破解"逆城镇化",一方面要看国家制度的改进(如户籍、土地制度等),另外一方面,也要看地方干部对国家政策的执行力度与"想不想去做"(而不是懒政)。

五、总结

本文从"逆城镇化概念"入手,谈到了现在逆城镇化的问题与对策,以此来化解我们现在面临的"逆城镇化"现象。这毕竟与国家的战略背道而驰,而出现的问题,毕竟与我们的制度安排与文化观念有很大的关系。本文从这两点出发,提出破解对策,进而要求要在国家与地方层面同时努力才能遏制这种现象。

同时,地方的城镇化发展,不能"一刀切",更不能"千篇一律",这和我们在开篇所说的"中西部的不同"等有一定的关系。所以,既要加强"顶层设计",又需要完成"地方经验"的总结与摸索。否则,逆城镇化就会演变为"回到农村",而不是"走出农村",这势必会拉低我们

① 参见《城镇化不是简单的农民进城》,原载 http://news. cnfol. com/guandianpinglun/20170111/24139286. shtml,2017-1-11,上网时间:2017-7-16。

的城镇化率。按照学界的说法，如果农民能自愿落户在城市，这是最好的一种反"逆城镇化"，我们要完善的首要任务就是户籍与土地制度的改革，其次就是就业与保障。否则，新型城镇化将受困。

农民返乡抢地：新型城镇化的困境与战略调整

刘成晨

一、引言

2016 年 4 月 19 日，由国家发改委编写，国家发改委主任徐绍史主编的《国家新型城镇化报告 2015》在北京发布。该报告指出，"2016年推进新型城镇化的工作考虑，包括：第一，努力推进非户籍人口落户城镇；第二，加快新生中小城市培育和特色镇建设；第三，切实提升城市功能；第四，努力促进城市群发展；第五，推进重点领域改革；第六，持续深化新型城镇化综合试点。"①我们可以从以上这六个方面大致发现，新型城镇化在如今面临的问题主要有以下几点：第一，户籍问题；第二，中小城市的容纳问题；第三，城市公共服务问题；第四，新权威主义视野下的试错机制②与全面推进城镇化的问题。

---

① 中新网.国家新型城镇化报告：今年将全面落实居住证制度. (2016 - 4 - 2)［2016 - 11 - 16］, http://www. chinanews. com/gn/2016/04-19/7840035. shtml。

② 试错机制是萧功秦教授在归纳新权威主义时提出的该思潮的一个特点。同时，也是1978 年改革开放以后，中国采取的国家治理的一种方式。采取这样的方法，对于中国而言，有一个非常显著的好处在于对"风险"的控制。如果试错成功，那么就可以推广，反之，则立即叫停。

　　仅就第二点来说，费孝通在《中国城镇化道路》一书中也曾谈到，"要使农村里的知识分子不到大城市来，不解决小城镇问题就难以做到。如果我们的国家只有大城市、中等城市，没有小城镇，农村里的政治中心、经济中心、文化中心就没有腿。"[1]费老在此所谈到的"小城镇，大战略"，放在今天来看，不无道理，其意思就是利用中小城市来作为人口流动的缓冲地带，这样既保障了城镇化的顺利进行，又不会给城市带来更多的人口压力和冲击。

　　诚然，人口对城市的压力是不容忽视的。但本文认为，解决农村人口的城市化、城镇化，主要从两点做文章：一个是土地问题和户籍问题；另外一个是生活观念。前者，我们在前文中已经有所提及，即改革户籍制度，以破解城乡二元的结构，呈现出城乡一体化的发展模式，尤其是在城郊地区进行重点突破。进而，在土地问题上，如今面临着一个最大的困境就是"要不要私有化"？在户籍问题上，要不要取消户籍，给农民以市民待遇？

　　以贺雪峰为代表的左派学者认为，不应该私有化，因为农村的土地对农民有着社会保障的作用，如果农民不想在城市里再打工，那么还可以回去种地。进一步说：一方面，种地可以有收入、有活干，农民的生活会得到基本的保障；另外一方面，农民在城市里打工遇到了困境，则有退守的空间，那么社会稳定也就有了保障，不至于导致城市逗留一批"见过世面"的人。为此，从这个方面说，他们反对激进的城镇化。然而，从现有的城镇化政策来看，带着保守主义色彩的这一主张，仿佛在整个国家的新型城镇化战略中不那么受到器重。而以周其仁为代表的"自由派"认为，农民的土地应该纳入到市场中进行交易，这有利于农民获得更多的补偿和土地交易所带来的城乡流动

---

① 费孝通. 中国城镇化道路，内蒙古：内蒙古人民出版社，2010：7。

的资本积累,所以他们认为土地应该私有化,并且尽早对土地进行确权,即承认农民对土地的所有权。这样的做法与建议,仿佛也没有受到器重。比如,《红旗文稿》在 2016 年 4 月刊发了一篇《警惕土地私有化思潮对农村土地集体所有制的冲击》一文,作者彭海红表示:"首先,土地私有制的高效率问题因国情而异,并非通则;其次,单纯以经济效率考察一个社会的土地制度不科学;再次,土地私有化的主张,貌似以增加农民收入、实现农业现代化、助力全面小康社会为出发点,实际是受资本追逐利润最大化的本性驱动,是人格化的资本在新形势下的代言词;最后,相对于土地集体所有制,土地私有制的缺陷更严重。"[①]这意味着土地私有化的建议被否决,同时也意味着"坚持和完善农村土地集体所有制"将继续执行,也就是说,农村土地的所有制依然会采取 1982 年《宪法》、1988 年《宪法修正案》、《土地法》、《土地管理法》、《农村土地承包法》等一系列法律所确立的农地的"集体所有制"。

而在户籍问题上,以蒋天荣为代表的学者表示,户籍改革在于"平权",最根本在于达到城乡的公共服务体系平等化。而以徐勇、张英洪为代表的学者表示,要给农民更多的市民权利,尤其是要把农民当公民看待。他们认为,只要农民有公民权利,则就可以享受更多的平等化的公共服务,可降低基层干部对他们的权利伤害,有更多的监督力量。他们的这些建议部分被采纳,例如 2015 年中央政治局会议审议通过的《关于进一步推进户籍制度改革的意见》就是佐证。这份文件指出:本次户籍制度改革的目标是:到 2020 年,基本建立与全面建成小康社会相适应,有效支撑社会管理和公共服务,依法保障公民权利,以人为本、科学高效、规范有序的新型户籍制度。

---

① 彭海红.警惕土地私有化思潮对农村土地集体所有制的冲击.红旗文稿,2016(4):21—23。

（图片来自网络）

如何进一步推动新型城镇化，就需要对户籍制度改革与土地集体所有制优化①。至于怎么改革？怎么优化？尚且还没有一个准确答案。

就在如何改革和优化还未解决的同时，农民工从 2008 年金融危

---

① 王箐丰、杜洋、林致远、周夷、黄维、董悦等人认为，如今的土地所有制将面临以下几个问题：第一，集体所有权的性质难以界定，成为内地农村改革过程中的一大难题。这严重制约了农村土地的流转，也限制了农村经济制度的活力，成为束缚农村生产力发展的因素。第二，经济学上有一个著名的规律，叫"巴泽尔困境"，说的是，如果没有清楚界定的产权，人们必将争着攫取稀缺的资源。土地产权不清晰，导致交易成本的上升，损害的不仅是农民的利益，也是整个中国经济社会的全面协调发展。第三，集体所有权的存在，使内地农村土地政策面临大量不能逾越的制度障碍。同时也导致了乡村治理结构的紊乱和村集体的权责失衡。第四，农村土地和城市土地不平权，反映出宪法中征地体制的二律背反问题，也严重损害了失地农民的权益。第五，集体所有制和永佃制之间存在着较大的矛盾。"永佃制"的基本要求是，所有权人主体和永佃权主体都是清晰、明确、可界定的，农村集体经济组织不能不是一个明确、清晰的所有权人主体。

机爆发开始,出现返乡潮,又因为近些年的经济常态比,导致外出的农民工回到家乡另谋生路,比如创业[1];有的农民工则回到家乡以后重操旧业,例如种地。

问题是,农民工为何要返乡?难道仅仅是因为经济问题所致?在笔者看来未必如此。让我们先来看一组数据,"2015年,我国城镇化率达56.1%,城镇常住人口达7.7亿。《国家新型城镇化规划(2014—2020年)》提出,以人的城镇化为核心,到2020年常住人口城镇化率达60%左右,户籍人口城镇化率达45%左右,努力实现1亿农业转移人口和其他常住人口在城镇落户。"[2]然而,近3亿多农民工到底有多少人愿意重操旧业,继续种地?有研究对返乡的农民工进行了调查,共47人[3],调查发现"返乡农民工中,有意继续外出务工的19人,占40.5%;希望在附近找工作的5人,占10.6%;希望在家务农的13人,占27.7%;希望自主创业的10人,占21.3%"[4]这也就是说,返乡农民工中有59.5%人不愿意再出去务工。由此可见,新型城镇化在农民工这个群体中,遭到了阻力。

同时,《半月谈》曾刊发了一篇名为《返乡找地:农村上演一轮抢

---

[1] 创业还会得到政府的支持,例如国务院印发的《关于支持农民工等人员返乡创业的意见》就强调:"要抓好《鼓励农民工等人员返乡创业三年行动计划纲要(2015—2017年)》的落实,打造一批民族传统产业创业示范基地、一批县级互联网创业示范基地。更多内容请见新华网,http://news.xinhuanet.com/politics/2015-06/21/c_1115681937.htm, 2015-6-21。也可见《2016年经济不景气,农民工返乡创业趋势增强》一文,该文介绍了山东青岛计划,具体如下:到2018年年底,扶持农民工等人员返乡创业1万人,组织创业培训1万人,培育100名左右到农村创业的领军型创业者;降低创业门槛,为符合条件的返乡创业农民工给予补贴并减免税费。原载http://www.582808.com/news/1306.html,2016-2-12。
[2] 光明日报.透视2016年春运新变化:3亿农民工的"城"与"乡"[N],2016-2-9,04版。
[3] 2015农民工返乡情况调研报告.(2015-8-20)[2016-11-15],http://www.yuwenmi.com/fanwen/baogao/156591.html。
[4] 2015农民工返乡情况调研报告.(2015-8-20)[2016-11-15],http://www.yuwenmi.com/fanwen/baogao/156591.html。

地大战》的文章,该文指出:"自 2015 年底以来,受整体经济形势等因素影响,一些外出打工的农民有返乡势头,其中不少农民选择重操旧业——种地。但很多农民回乡后发现,自家田地或偏少不足以养活一家老小,或前些年就已被租出去,面临无地可种的尴尬。一轮'抢地'大战由此上演。"①而且,可能因为"抢地"而造成冲突等现象。

"返乡抢地"与新型城镇化的困境,构成了本文的叙事主题。到底是什么原因导致新型城镇化以部分人的"返乡抢地"而显得困境重重? 我们的新型城镇化战略又该如何调整?

二、我国新型城镇化的现状与问题

"所谓新型城镇化,顾名思义就是以城乡统筹、城乡一体、产业互动、节约集约、生态宜居、和谐发展为基本特征的城镇化,是大中小城市、小城镇、新型农村社区协调发展、互促共进的城镇化。"②新型城镇化的"新"又主要在于:"由过去片面注重追求城市规模扩大、空间扩张,改变为以提升城市的文化、公共服务等内涵为中心,真正使城镇成为具有较高品质的宜居之所。城镇化的核心是农村人口转移到城镇,完成农民到市民的转变,而不仅仅是城镇建设"③。而今,新型城镇化的成绩和问题又是怎么样的呢?

有学者研究指出:"改革开放以来,伴随着工业化进程加速,我国城镇化经历了一个起点低、速度快的发展过程。1978—2014 年,城

---

① 半月谈网. 返乡找地:农村上演一轮抢地大战. (2016 - 4 - 20)[2016 - 11 - 16],http://www. banyuetan. org/chcontent/jrt/2016415/191671. shtml.
② 陈锡文. 推进以人为核心的新型城镇化. 人民日报,2015 - 12 - 7,07 版.
③ 中国金融40 人论坛课题组. 加快推进新型城镇化:对若干重大体制改革问题的认识与政策建议. 中国社会科学,2013(7):60.

镇常住人口从 1.7 亿人增加到 7.3 亿人,城镇化率从 17.9%提升到 54.77%,年均提高 1.02 个百分点。"①同时,"'十三五'规划纲要提出,到 2020 年中国常住人口城镇化率目标达到 60%,户籍人口城镇化率达到 45%。这也就是说,未来城镇化率这一比例还要提高 5 个百分点,相当于要有 1 亿人在城镇落户。"②联合国开发计划署驻华代表处高级政策顾问 Samantha Anderson 表示:"中国的城镇化进程因其速度和规模而显得特别引人注目。中国仅用了 60 年时间便将城镇化率从 10%提高到 50%。同样的转变,在欧洲用了 150 年,在拉丁美洲和加勒比地区则用了 210 年。根据联合国开发计划署的预测,到 2030 年,中国将新增 3.1 亿城市居民,城镇化水平将达到 70%。届时,中国城市人口总数将超过 10 亿,城市对国内生产总值的贡献将达 75%。"③

由此可见,我国新型城镇化的速度已经非常之快,让世界瞩目,且在 2030 年,将会到 70%的城镇化率,这已经接近于次发达国家的水平。但是不是说在城镇化的过程中就没有问题呢? Maierdan Tuersun 就曾表示:"(1)城市化发展容纳承载能力不足;(2)城乡二元结构依然存在;(3)城乡经济发展不协调。"④王海峰指出,我国所采取的"异地城镇化"会带来很多不利的影响,比如说,"一来农村经济发展主力军缺位,发展速度滞缓,马太效应使得城乡差距继续

---

① 2014 年我国城镇化发展现状. (2015 - 8 - 3)[2016 - 11 - 15],中国产业信息网. http://www. chyxx. com/industry/201508/333477. html。

② 央广网. "小马拉大车"不利于新型城镇化的发展. (2016 - 4 - 20)[2016 - 11 - 15], http://finance. cnr. cn/jjpl/20160420/t20160420_521925961. shtml。

③ 谢玮. 新型城镇化战略两重点:农民工市民化、完善社保体系. 中国经济周刊,2015 (12):11。

④ Meltan T. , Wang Yapeng. The Urbanization Path and Other Country's Mirror with the Specific Cause. Reform,2015(2):125。

加大；二来夫妻长期分居，进城农民工性生活混乱，同时'后院'也经常起火，造成社会秩序的不稳定；三来留守儿童问题突出，留守的家人只能保证孩子的肚子，不能充实他们的脑子，至于什么心理问题更是没想过。四来留守老人农作、看护孩子等劳动强度增加，情感寂寞。"[①]

　　而如果不解决城镇化过程中的土地问题、户籍问题、社会保障与公共服务供给等，就会直接影响我国的城镇化进程。就农民最关心的土地问题而言，最直接的表现就是返乡抢地。此举作为新型城镇化的问题，又会带来新的问题，例如上述中所述的"留守儿童和妇女"，他们的教育，他们的安全如何保障？贵州毕节儿童闷死在垃圾箱的事件就是最值得反思的一个留守问题。他们之所以不能和父母一起在城市生活，难道不是户籍所导致的择校问题？难道不是城市没有对他们进行容纳的问题？再有，长期的异地分居，会带来夫妻之间的模式转变和感情淡泊，所以才会有"临时夫妻"的问题，才会有打工回去之后和原配离婚的问题，而家庭作为社会的细胞，如其不稳定，难道社会会稳定？离婚后对孩子的影响有多大？这些都是城镇化的问题所裹挟的一系列值得反思的对象。所以，在进行城镇化的时候，应该注意如何解决打破城乡二元结构，改革户籍制度，增加对土地的确权，让农民有权对土地进行交易，从而获得流动的原始资本积累，进而去学习一技之长，在城市谋生，并适应城市生活模式，这样就会把一些问题迎刃而解，才不会导致返乡抢地的事情发生，才不会导致新型城镇化遇到"回流"的困境。

[①] 王海峰等.就地城镇化：新型城镇化战略的路径趋势.扬州职业大学学报,2013(4)：12。

三、农民"返乡抢地"的现象及其分析

在湖北省,也有农民返乡抢地的现象。根据调查,例如"W 夫妇在广东中山打工近 10 年,回乡之前在一家纺织厂上班,年收入达十五六万元。尽管工资不低,去年底他们还是执意辞职回乡种地。'前几年行情不错,厂里大部分产品出口欧美,现在明显缩水了。'W 说,以前厂里有 700 多名员工,现在只有 300 多人,本打算今年再回乡种地,因为企业前景问题,担心哪一天失业再回来就迟了。"①从中可以发现,农民最大的担心是失业,而失业又和整个国家的经济发展是分不开的,比如"前几年行情还不错"这意味着,现在之所以离开是因为这几年行情不好了。同时,也从背后折射出,他们只是把外出打工当作一种"谋生"而不是准备在城里"安家",故而当经济不景气的时候,他们也就回到家乡。W 夫妇准备养殖龙虾,他们希望把以前出租出去的农地拿回来。

与 W 夫妇一样返乡的还有湖北省 S 县的村民 G,他说:"随着机械化程度提高,一个人在家种地轻松还能赚点钱,并不比外出打工差。2015 年,他将 10 亩地用于种植水稻和小麦,其余 20 亩地种植小麦和黄豆,都是一年两季作物,每亩田地年纯收入可达 1300 元左右。从耕地、播种、管理到收获,都是一个人干,一般每年 3 月份耕种,9 月份收获,只需半年就能干完。他的妻子和儿子都在广州打工,一个人在家种地,还能照看正在上小学的女儿。"②而在 2014 年,村民 G 还

---

① 半月谈网.返乡找地:农村上演一轮抢地大战.(2016 - 4 - 20)[2016 - 11 - 16],http://www.banyuetan.org/chcontent/jrt/2016415/191671.shtml。

② 古小波.新型城镇化进程中农民进城意愿影响因素研究.商业经济研究,2015(11):44—45。

在外地打工，土地租给了他人。由此可见，农民返乡抢地，有的是真正为了土地，有的可能还有其他原因，例如为了子女，生活观念发生了转变等。

同时，我们对湖北省 J 县的农民也进行了调查，主要是通过网络和现实生活中的非结构式访谈。部分农民对我们说，之所以不再出门打工和在城里买房，成为市民的一个主要原因是"农村活得比较自在。"[①]例如，村民 Y 的子女在 2006 年就已经进城，Y 将孙女"带大"以后，而选择用"重金"重新装修了一下老家，然后再回到农村生活，并把之前租出去的田要回来，她不求靠种地赚很多钱，只想图个自在。

在甘肃省 F 乡进行调查的时候，我们又遇到这样的问题。村民 D 之前到西安打工，把土地使用权转让给了农村的一个亲戚。作为农民工，他觉得外出打工是唯一的活路，因为子女读书需要钱，而靠家里养羊和 4 亩多的地得到的收入，可谓是入不敷出。等其儿子大学毕业，在西安买房以后，他和妻子选择的不是在子女身边，而是回家乡种地，他的亲戚又把地还给了他，如此，靠种地等解决两个老人的基本生活需求没有问题。他们时而也去儿子家住上一段时间，D 觉得这样的日子很满足。可以发现，他之所以选择这样的生活模式，有观念的因素，也可能有图个安逸的意思。

通过以上几个案例，我们看到了农民离开土地再回到土地的种种图景，我们也从中大致明白了他们为何最终不希望进城。第一，国家经济的发展；第二，生活方式；第三，生活观念；第四，生活需求。

然而，在国家政策（例如农业直补等）等因素的驱动下，土地从之前的抛荒到如今的"抢地种"，背后又不仅仅是如上述几个案例那么

---

① 访谈时间：2016 - 4 - 1 和 2016 - 4 - 20。

简单,不仅仅是亲戚与亲戚之间的往来,不仅仅是农业个体户与机械化作业那么简单。正如村民 Y 所言:"2016 年春节期间有八九个返乡的农民工开始跟他'抢地'了。'抢地'大战将每亩耕地的价格从 100 元炒到了 200 元、300 元,最高到了 500 元。谁出的价格高,农民就愿意把地租给他种。"①

如此,土地一瞬间就成了可以拍卖的商品,换句话说,农村的"土地资源"已经走到了"商品化"的程度。只不过依然是租为主,有的地方土地流转,更是采取大户去承包,而原先的土地使用者是以土地入股后再分红。

正是因为土地可以参与分红,或者由大户来进行承包再进行资源分配,劳动力的老龄化,城镇化的大趋势等原因,导致部分农民愿意把土地使用权出让出去,而大户也乐意承包大片田地来挣钱,故而在返乡务农,重操旧业的情况下,又多了一种"抢地"模式。

虽然我们并未在全国各地开展土地交易模式的调查,但我们可以肯定的是,除了以上几个地区和省份以外,河北、山西也有类似的情况。在华北地区,农民以往都因为没有多少土地而选择出门打工,甚至变卖自己的房产和土地,然后进城。而今,例如山西的 X 村,农民都不太愿意出让房产和土地,而选择留在农村生活,尤其是年龄在 45—65 岁之间的农民尤其之多,我们走访了三十多个村庄,几乎都是如此。而在我们问他们,村庄的土地被承包的情况多不多时,他们的回答是不太多,主要是因为土地的贫瘠所致,但我们也看到了,在华中地区,土地被承包的还是比较多,返乡抢地既有农户自身,也有大户。

总之,从 2006 年农业税还未改革以前的大面积抛荒,到近些年

---

① 姚士谋等. 中国新型城镇化理论与实践问题. 地理科学,2016(6):642—643。

农民返乡后的"抢地",给我们呈现出了一种 2008 年金融危机以后的另类场景。并且,这样的情况,在笔者看来,依然是金融危机的影响、土地交易的改变、城镇化的发展,农民生活观念和农地制度的"保障功能"在起作用。

新型城镇化在开展的过程中,尤其是要注意以上各种现象和背后原因。尤其是对有实用主义色彩的农民而言,城镇化并非"赶上楼"那么简单,更是需要从实地调查去查看农民究竟是怎么样想的。"如今的激进城市化和城镇化,虽然背后有一些 GDP 等因素在推动和官员异化的升迁心态在作怪,但解决的办法,往往不是用物质去引诱,或者用其他的方式鼓励,而是应该顺其自然。因为,出生于 20 世纪 60 年代、70 年代这批人,如果想改变他们观念往往很难,即便是他们生活在城市里一段时间,也很难去融入,故而他们希望把"任务"完成以后,再回到农村。因此,这就需要从生命的周期去理解他们这批人,即等其生命的消退或消失,再来考虑土地的整合问题,而城镇化能吸纳多少,则算多少。如果硬是要'赶鸭子上架',可能会造成不必要的政府与农民之间的冲突。"①

四、"返乡抢地"作为新型城镇化的困境与战略调整

就新型城镇化的困境而言,本文主要是针对"返乡抢地"来进行论述,而目前此种情况在若干地区都有发生。面对返乡抢地,新型城镇化面临的最大的难题,在本文看来,并不仅仅是土地交易的问题,而是农民为何不愿意进城或留在城市的问题。这还可能有以下几个

---

① 见拙作《农民心态、土地流转与"自然而然"》. 裁判成长. 半线乡村. 上海:上海三联书店,2019.

方面的因素：(1)不愿意被迫去适应城市的生活和没有技术。也就是说：一方面，农民对在城市里的生活，百般焦虑，另外一方面，他并没有什么特长，也就是说，没有技术，那么他接下来在城市里如何生存？(2)农民是一种身份，工人也是一种身份，而农民工是禀赋这两种身份的主体。"进入城市和社区，住上楼房仅仅是他们生活的一个方面，有无工作，有无稳定的收入，有无文化和精神享受，生活得有无尊严，才是他们是否幸福的衡量标准。"①故此，这也就决定了，生活的尊严性问题，而不仅仅是"技术-收入"的问题。(3)城市医疗和教育等资源，农民是否可以同等享受？他们的子女是否可以同等享受？说到底，还是一个户籍问题。这些可谓是农民的担忧，恰好也是农民不愿意进城或者不留在城镇里生活的根本原因。而国家所提出的"新型城镇化"中的"以人为本"的人本主义战略，往往在涉及到具体问题的时候（例如农民所关心的住房保障、医疗保障、教育保障等），很难全面实践，毕竟需要大量资金等。

鉴于此，如何提高城镇化率的首要考虑对象就是消除农民，特别是农民工的担忧。笔者认为，可以从以下几个战略上着手进行。首先，"(1)中心城市带动与辐射区域发展理论，促进新型城镇化的创新实践；(2)依据空间经济网络布局理论，构建新型城镇化的创新模式；(3)新型城镇化是一个重大区域经济发展命题，应充分认识中国城镇化本身的发展规律。"②其次，准确把握城镇化的阶段性特点，着力解决户籍制度，促进城乡资源要素的分配平等，尤其是采取工业反哺农业，让农民有资本进城。再次，培育城市，培育城市群和产业群，让城市带动周边的农村发展，从而把农民吸纳到城市之中，从而提高城镇

---

① 网友"乌尔里希 anQP"如此谈到，访问时间：2016-4-23。
② 姚士谋等.中国新型城镇化理论与实践问题.地理科学,2016(6)：642—643。

化率。第四,加大宣传力度。不仅仅从资本和技术上要支持农民的进城开销,更需要在心理上消除农民的顾虑,让他们转变观念。

综上所述,无论是采取什么样的措施来发展城镇化,都离不开地方政府的引导和支持,还有对农民的保障服务。所以,从整体上来说,第一,消除他们的担忧是城镇化的必要条件;第二,抢地之所以发生,返乡之所以发生,在于"乡土情节",更在于他们的观念,从某种意义上说,他们觉得乡村更富有人情味,更有利于养老,活得自在;第三,在战略上,除了要采取城市发展的顶层设计以外,还要根据不同地区进行不同的城镇化战略,如前文提到的"小城镇战略"。但凡当地有这个条件,就应该鼓励他们去试错、去尝试和去实践,这样摸索出经验,再进行推广,也比较符合国家治理当中的新权威主义的做法。

五、总结与反思

本文从农民"返乡抢地"(作为一种不进城的现象)出发,论述了户籍制度与土地制度是当前农民进行城镇化的主要两个障碍,同时还分析了当前中国的治理这两个问题的现状,及其国家对两种不同主张的态度。而后我们阐述了农民现在的担忧,也提供了一些方法,并且从三个案例来分析当前农民不愿意进城或留在城市里生活的原因。因为,城镇化必然涉及到农民这一问题。故而,从案例来反窥城镇化中的一些农民自身的问题,是有意义的。最后,从战略的高度和具体的实践层面,回应了如何破解这一难题的办法。

"中共十八届三中全会指明了我国新型城镇化发展的新方向。"①

---

① 王潇斌. 大学生村官在闽南侨乡新型城镇化中的作用——以邓小平"人才论"为基点. 重庆交通大学学报(社会科学版),2015(3):1—4。

但在进行新型城镇化的推进过程中,有的地方政府将城镇化简单地理解为将农民"赶上楼",这不但不利于城镇化的发展,还可能增加政府与农民之间的冲突。且他们之所以不愿意下楼,主要原因在于"怕""没有技术"等。而如今,农民又主动地选择"下楼"和"返乡抢地",还因为利益之外的观念和认知问题(这一点,过去的研究没有太在意)。进一步说,农民已经形成了他们的"路径依赖"和生活模式,他们不愿意改变。所以,这可能是当前中国农村进行城镇化或就地城镇化的另一种障碍。

在本文看来,接下来,需要进一步城镇化的群体不是"老农民",而是农民工。所以有学者说,"农民工市民化不仅仅是农民工取得城镇户籍,它还要求其在政治权利、劳动就业、社会保障、公共服务等方面享受城镇居民(市民)同等待遇,并在思想观念、社会认同、生活方式等方面逐步融入城市。"[1]由此,就不会再出现"返乡抢地"而阻挡城镇化率被提高。

(原载《四川理工学院学报》(社科版),2016 年第 6 期)

---

[1] 光明日报.如何让农民工真正"进城",2014-6-17。

"观念进城":再论农民观念与城镇化的困境
——对某"移民城市"的田野发现与反思

刘成晨　　张甜甜

一、引言

　　笔者在学术论文《农民返乡抢地:新型城镇化的困境与战略调整》①中谈到:如今,农民的"返乡"与"抢地"直接构成了新型城镇化的一些困扰,尤其是农民进城务工一段时间以后,不但不选择留在城市,却愿意回到家乡去种植、养殖等,这无疑与我们所希望看到的场景有所异同。

　　与此文差不多时间发表的学术随笔《农民为何"死守"着农村不放》②也是谈到的观念问题,我们认为,农民不愿意进城的主要原因,不可忽视的一点就是他们认为回到农村是落叶归根,是符合传统中国的一个行为逻辑。

基金项目:本文系河南省社会科学普及规划项目:新型城镇化与"老农民"的生活模式(项目编号:2016 - SKPJ - 36)阶段性研究成果。
① 原载《四川理工学院学报》,2016 年第 6 期。
② 原载《中国乡村发现》,2016 年第 6 期。

　　一些读者随后给文章写了一些评论,并且反驳说,其实农民不愿意进城是因为土地问题和户籍问题,正是因为土地没有确权,户籍问题没有解决,无法和城里人享受同等的医疗、教育、保险等,故而农民不能留在城里继续生活,同时他们还指出,生活成本也严重困扰了农民的进城和留城。

　　笔者读过这些评价后,觉得的确有道理,但是不是说我在这两篇文章中就没有谈到户籍问题、土地问题呢? 显然不是。例如"本文认为,解决农村人口的城市化、城镇化,主要从两点做文章:一个是土地问题和户籍问题;另外一个是生活观念。"①这也就说明,我们的一些读者不是读完全文后再下结论,而是想当然地去发表意见。这种批判的方式,我觉得是存在一定问题的。同时,如真地读完全文后便可发现,我是承认土地问题、户籍问题的影响,但我也希望从农民的观念切入以探讨城镇化的困境问题,由此来补充学术界的既有研究。

　　为什么这样说? 我们不难发现,通过输入"城镇化"为关键词进行知网检索,论文多达 131,099 篇(截止日期：2017-2-18),而以制度作为分析对象的论文,可谓是"数不胜数",以 2017 年发表的文章为例,例如黄和平等人的《苏州市人口城镇化与土地城镇化协调关系研究》(原载《资源与产业》,2017 年第 1 期),李苛的《新型城镇化建设的制约因素及路径选择》(原载《天中学刊》,2017 年第 1 期)等。还有就是从城镇化的样本去分析,例如潘晓黎的《韩国城镇化对中国新型城镇化建设的启示》(原载《企业管理与改革》,2017 年第 2 期),徐军的《城镇化改革的"明港样本"》(原载《中国改革报》,2017-2-8),等等。类似这些文章,很少从观念的角度去分析城镇化的困境,故而这

---

① 刘晨.农民返乡抢地：新型城镇化的困境与战略调整.四川理工学院学报(社科版),2016(6)。

也就反映出了本文的研究意义和研究创新之所在。

二、"农民观念"与"农村印象"

"观念是人们在实践当中形成的各种认识的集合体。人们会根据自身形成的观念进行各种活动。利用观念系统对事物进行决策，计划，实践，总结等活动，从而不断丰富生活和提高生产实践水平。观念具有主观性，实践性，历史性，发展性等特点。形成正确的观念有利于做正确的事情，提高生活水平和生产质量。"[1]所以，农民的观念也就是指在日常生活实践当中形成的一种对农村的认识，而且还带着一种文化保守主义的色彩。

在本文看来，农民在"进城"这一问题上，远远还不是愿不愿意的问题，而是农村到底给农民留下了哪些认识？窃以为，这才是我们理解农民返乡的另外一个入口。

表1 农民的"农村印象"

农民类型	对农村的认识
老农民	农村生活得自在、安逸；有熟人社会，人情往来让大家感受温情的存在，办事也方便；乡土情结比较浓厚；菜、米等生活用品不需要钱，等等。
农民工和第二代农民工	手机网络用得不方便，公共服务比较差；交通不方便，教育、医疗条件不如城里，等等。

通过表1我们可以发现，老农民与农民工对农村的认识是不同的，正是因为认识的不同，所以不同农民类型往往选择是否进城和留

---

① 观念、观点、意识、思想的区别与联系. (2014 - 12 - 15)[2017 - 1 - 4],http://blog. sina. com. cn/s/blog_9e0b71a90102vdbu. html.

城的观念也不同。

以老农民为例，他们很大程度上都不太愿意进城，因为城市里生活的不自在，而把这样的不自在再操作化，可以看到，类如"和邻里不认识""没有人讲话""生活上太讲究""原来几十年的生活节奏和模式被打乱""不适应""担心给子女增加负担"等等，这些都可能是导致他们不自在的原因。进一步说：一方面，因为"不自在"的认识，所以引发了他们"想回去"，这是"推"；另外一方面，农村的"好"诱发了他们想回去，这是"拉"，就在"推-拉"之间，进城后又回去的这部分群体（也就是返乡的这部分群体）往往形成了一股与新型城镇化背道而驰的"回流性农民"（Returning farmers），同时，也给新型城镇化增加了不少困扰。这种阻力甚至比那些原本就没有进城的老农民还要大。

按理说，这部分群体首先是愿意进城的，其次是他们受到"推-拉"的原因才回到家乡，又因为不再愿意进城务工，或者城里没有工可务，所以选择在家乡"抢地""重拾老本行"。这在某种程度上可以说是"身体返乡"，而且是长期。

（图片来自网络）

长期的"身体"滞留在农村会导致新型城镇化面临"赶不动"又

"拖不走"的困局。第一，基层干部不能采取强制性措施，例如暴力等，将他们驱赶到城里。第二，他们也不可能为了一点点小小的现实利益诱惑就放弃家里的土地而进城，毕竟他们选择回流，肯定是经过深思熟虑的。"理性的小农"①会经过比较后作出理性的抉择。

为此，如反思基于算计后的农民生活流向，不禁要问：到底是什么吸引住了农民愿意在农村生活？对于老农民而言，无非还是在农村生活的状况。

正如表1所显示的那样：

第一，农村生活自在、安逸。这种自在在于"我想怎么样就怎么样"。例如，作为老农民的L，他生命中的前五十年一直生活在江汉平原的一个村子里，也从未外出打工。但后来因子女的进城他不得不和老伴一起来到城市里生活，又怕给子女增加负担，他选择去当保安。之所以选择当保安是因为这个无须什么特殊的技能。问题是，在农村，他在一年内顶多忙三个月，其余的时间都可以拿来休息。这三个月的"忙月"（种稻谷、小麦、油菜等并收割它们）忙完，他可以去打牌、走亲访友等，却在城里当了保安以后，不得不每天起早贪黑，不按时去上班还要被扣工资，他告诉我们："感觉时间的自主权不是自己的，也不太适应这样的生活节奏，的确是累（有时候还要值12个小时的夜班）"②。比较而言，的确是在农村生活要更舒服，至少不用熬夜。

第二，安逸主要是指生活压力不大。作为老农民的G，她在1994年左右花了8500元买了一套当时在村里最好的房子之一，然后养育

① 该书的原名为 The Rational Peasant，由 University of California Press 在1979年出版。
② 访谈时间：2016-12-4，地点：广东省珠海市T社区。值得一提的是，在珠海这个城市，多半是外来移民，故而珠海市又被称为移民城市。所以，我们就比较好找我们希望访谈的对象，他们多半是从农村流入到珠海市区的农民。下文不再强调。

子女,相夫教子。因为种地比较多,加之夫妻双方都比较勤奋,故而经济收入还算可以,年入 3 万左右。但当她在城里生活时,凡事都担忧,尤其是子女的生活成本问题。她说:"我每天都担心饿死了"①,因为在城市里不出去工作就意味着没有收入,而在农村,即便不好好种地,一年到头也会收点粮食。故而这样的安逸在他们看来是压力小,没有那么多的担忧。

第三,有熟人社会的存在。例如在农村,遇到"抢季节"的时候,当村里的其他人提前完成"插秧"后,就回来帮助那些还未完成的人。为何要"抢季节"呢,用农民的话说,秧苗早点插到土地里,它就早点生根发芽,从而长势就可观。同样,当春节来临之前,村里的人如果"干鱼塘",就会给每家每户送去一两条鱼,表示"有福同享"。这似乎有些"大同社会"的意思②,但是在背后却折射出来的是"温情"的农村。

同时,就办事而言,农民几乎都与村支书也认识,甚至有的还是亲戚关系,办起事来,不用去"求",而在城市里,社区的主任、办事员往往没有那么熟悉,办完事就走,各不相干。例如作为农民身份的Y,一次去 Z 市的某街道办给孙女办一些手续,办完就走。她告诉我们:"在农村,还会和他们聊聊天,拉拉家常,但在城里,好像是各不相欠,一点人情味都没有。"③

第四,乡土情结比较浓厚。近些年来,"返乡笔记"比较火热④,主要原因就是人们具备乡土情结,尤其是在那片"生我养我"的地方,曾经有"我们儿时很多美好的回忆",故而对乡村的变迁,却有些不能接

---

① 访谈时间:2016-12-6,地点:同上。
② 王处辉.中国社会思想史.北京:中国人民大学出版社,2002:106—132。
③ 访谈时间:2017-2-13。
④ 例如黄灯等人的返乡笔记。

受,变成了"乡愁"。乡愁属于人的一种情绪,但更加让人难以割舍的是那份对土地的恩情和感激。同时,在一个地方生活久了,自然和当地就会产生感情,这种情感的支撑就是"乡土意识"。同时,这种土地的归属感还体现在城市某些场景的对话中,例如人们见面会问:"你是哪里人"? 这个问题无不折射出"你归属于何处"。

第五,老农民对于公共服务是没有太多概念的,甚至是不认同城里的某些公共服务。在 20 世纪 50 年代、60 年代出生的人们,至今有的留在农村继续生活,有的则在城里生活;有的依靠自己的努力实现了城镇化(例如做生意等),有的依靠子女在城市里久居。但正因为他们长期生活在农村,未接触什么是公共服务或不具备公共服务的意识,所以他们对此没有太多的感觉。同时,有的农民即便入城,也很难有机会去感受公共服务。

谈到公共服务,对于城市里的人而言,无非就是医疗、通信等方面的服务,但是对于农民而言,即便有,他们对此的要求也并不高。反而在农村,村民 T 告诉我们:"看病时医生也认识,非常客气地询问后,打针或者吃药,一下子(很快的意思——注)就解决了。却在城市里,先是各种化验,比如血液检查啊,尿液检查啊,麻烦得很。结果最后查出来,也就是个感冒。"①她反而觉得城市没有农村来得直接。她还告诉我们:"生大病了,就不需要考虑依靠子女用钱治了,比如癌症,你怎么治? 自己喝农药死了算了,就不要再给子女增加负担,他们还要养育自己的子女咧,他们还要尽自己的责任咧。"②

所以,因农民的这些观念和对农村的认识,导致老农民很难进

---

① 访谈时间:同上,地点:珠海市 S 社区。
② 笔者曾经撰写过一篇《农村的"癌症伦理":自杀比不自杀好》,就是阐述的这种农民的观念,其实观念的背后又是制度、文化等诸多因素共同作用,才有了这样的想法。详见http://www.aisixiang.com/data/101723.html,2016 - 10 - 16,上网时间:2017 - 2 - 18。

城,或者即便进城了也不会在城市里久住。反之,如果想让农民,尤其是老农民进城,那么就需要对他们的观念进行转变。同时,我们还要搞清楚的是,观念的特性是哪些,这样改变起来就更加容易一些。

三、"农民观念"的特性与转型

吴业苗认为:"在一定的思想、欲望、动机支配下有目的有计划进行的。纵观我国农村建设与发展现实,我们不难发现,农村社会发展状态、模式、速度等受制于当地农民的思想观念:凡市场观念强的乡镇,集体企业、私营企业、个体经济的发展就明显充分;凡致富要求迫切的乡村,劳动力流动就要快于贫穷落后、思想保守的乡村;凡受城市文化直接影响的城郊农村,农民的生活方式就接近城市。诸如此类,不胜枚举。可见,农村变化一定意义上在于农民观念的更新。"[1]同理,要想农民能够顺利地进城,就需要在观念上进行"革命"。

首先,农民的观念是保守的。正如我们在上文所看到的,"思想保守的乡村",背后折射出来的是农民的怕同时观念的保守还表现在我们在前文所谈到的"在城市里生活怕饿死了",等等。同时,张世煌在《农民的保守性左右育种方向》[2]一文中所谈到的"种植保守"也可以佐证这一点。依据我们在湖北的田野调查,比如说某农民家庭去年种的"XX8号",可能明年有比这个产量、抗害能力都要好的种子,但因为没有人种,不确定性太多,农民可能第二年继续种去年种的"某某8号"。同时,因为一、两个农民不选择,其他农民选择的可能性也比较小。

---

① 吴业苗.转型期农民观念的嬗变及其发展路径.唐都学刊,2010(3):61—66。
② 原载《北京农业》,2013 年第 8 期。

其次，农民的观念是盲目的。部分农民会认为："城镇化其实就是在城市生活"。其实不然，城镇化最大的一个特点就是身份的城镇化和市民化，身份意味着农民所享受的社会保障等服务，而市民化要求的是农民的居民的素养具备。

再次，农民的观念是务实的。① 例如，农民有时候会说："给不给我钱"，"能不能马上解决问题"等等，这种话语模式凸显出来的就是农民的务实观念。同时，农民与市民在视野上的差距就此显现。一般而言，农民更加注重当下，而市民会有些远见。同时，有远见的农民流入到城镇会比较容易，尤其是那些具备资本流动的农民，更是如此。例如湖北省Z村的一户农民，因为亲戚都是种植蔬菜的，他们在当地也搞大棚蔬菜，在有销路和资金的情况下，他们更早流入城镇当中，现在已经在市里买了几套房。

第四，农民的观念是悲观的、胆怯的。他们总认为，在城市里不好找工作，所以第一步就不愿意跨出去；他们认为，在城市里没有熟人，靠不住谁，所以很难起步，所以不愿意进城。同时，子女买房贷款几十万，就觉得以后的日子没法活了，问题是农村的子女有几个能一次性付清？（尤其是在北上广深这些地方）故而我们说农民的这些观念阻碍了他们的城镇化。

以上是农民观念的特性，问题是只有转变这些特性，转变这些观念才能更加顺利地让农民融入城镇之中。

沈永昌认为：转变农民观念的前提是要解决以下几个方面的问题："(1)加快推进城乡一体化进程；(2)不断完善均等化公共服务体系；(3)全面增强社会组织支撑能力；(4)充分发挥舆论导向作用；

① 肖海等.农民思想观念的现状与特征——对云南省社会主义核心价值观入村的调查.玉溪师范学院学报,2012(11)：43—47。

(5)逐步提高农民工综合素质。"①还有学者认为,对第四点的"充分发挥舆论导向"而言,应该让基层干部们去多做思想工作,甚至采取"树典型"去让农民"看得见"。

其实这些都似乎起到的是解决农民背后的担忧问题,抑或是农民的"待遇问题",从而改变他们的观念。的确,解决后顾之忧,可以让农民的胆怯变小,但他们的保守、务实、盲目、悲观如何解决?

第一,转变农民的"保守"特性。具体而言:首先,一般而言,保守意味着"不敢"或者"不愿意尝试新的东西"。对于农民而言,城镇化却又是一个新的东西,需要农民转变过去几十年的生活模式。所以最好的城镇化方法在笔者看来就是要在城镇或城市中"营造熟人社区",这样就可以减缓农民入城的心理矛盾。其次,李玉宏认为:"农民的观念中存在保守与开放的矛盾。改革开放以来,大批农民外出务工,随着农村的发展,农民的思想也在发生着变化,一些农民存在既要摆脱土地又舍不得土地的思想,一些人不愿土地转包转让、入股托管,这有碍于现代农业组织形式的实现。"②同理,本文认为,为了调试农民的进城矛盾,可以让他们在农村继续居住,也可以在城镇里居住,例如我们调查的山西省平定县里的村民就是如此,夏季回到村里居住,比较凉爽,而冬季到城里生活,因为有集中供暖,生活更加舒适。双向的自由流动是转变农民"保守"的方法,而不是把农民"赶"进城后,将他们的房子一并拿掉,这样的城镇化可能不适合有些地方的农民,可能也会引发集体反感。

第二,转变农民的"务实"特性。对于农民而言,首先要提高他们的认识,尤其是城镇化对于农民生活质量、土地整合后进行规模性生

① 沈永昌.改革开放与农民观念变化.上海农村经济,2008(11):39—41。
② 李玉宏.新农村建设是农民思想观念整合的趋向标.理论前沿,2009(2):29—30。

产、国家发展水平等意义重大。其次,农民的务实来自于他们的"收入低""公共服务差"等,正如湖北省村民 Y 告诉我们的："住房、医疗、教育的成本没那么高,农民收入高一点,他们也会不那么务实啊。"①所以,一方面是认知的问题,另外一方面是生活成本的问题。

第三,转变农民的"盲目"特性。农民往往也喜欢"跟风",例如有的农民搬到了村里靠近马路边的新农村房子,其他的也跟着去,这是城镇化吗? 他们还是在农村生活。然而,搬到新房子里也需要农民缴纳好几万元,与其说把这些钱拿去在农村里继续生活,不如直接到县城去买房。一方面,可以在县城里干点别的工作,相信不会比农村收入差多少,另外一方面,还可以享受"社保",生病等就可以得到更好的医疗。所以,这种盲目性往往导致农民的流动是"横向性流动"而不是"垂直性流动",而城镇化需要的恰好是后者。那么,转变这样的盲目性就需要政府的正确引导。

第四,转变农民的"悲观"特性。用实实在在的实惠让农民感到生活的希望,继而选择城镇化。例如在青海某社区,就是采用集中修建移民社区,让农民移到城里,再在一起生活,也看到了希望和改变所在。

综上所述,转变农民的这些"观念",除了在政策上予以照顾和宣传,还要切实做到"真正的流动"。政府要在其中起到主导性的作用,根本还是要在物质和生活环境上对农民进行支持。

四、农民的"观念进城"对城镇化的意义

"城镇化是一个经济、社会复合转型的过程,是人类社会文明进

---

① 访谈时间：2017 - 1 - 4,地点：广东省珠海市 N 小区。

化的一个必经阶段。如果把人类社会比作一个有机体,那么城镇化就不只是社会这个有机体发生的种种物理性变化,如空间状态的改变,而且还包含着种种聚合、分解和再聚合的类似化学变化的过程,会给这个社会带来许多不曾有的新东西,包括经济的、社会的、文化的、生活的、交往的、观念的各式变化。"①同时,"我国的城镇化率已超过50%,但城镇户籍人口的比重却只有35%左右。提升城镇化的质量,必须大力促进以农民为主体的外来务工人员市民化,将其中符合条件的农业转移人口逐渐转变成城镇居民。"②

首先,学界的这种提倡更多的是"身体进城"而不是"观念进城",所谓"观念进城"是指要真正愿意在城里生活,甚至觉得"城里就是比农村好","不想再回到农村去劳作"等。在此,之所以强调"观念进城"的意义在于,身体进城可能还要再回去,例如"返乡",而"观念进城"是意识决定了身体的行为(Body behavior)。而当"观念进城"以后,农民就会想法设法在城镇里生活,比如农民就会因为在城市里要生活而选择去做农民工,农民工又因为在城市里生活比农村好,会在城镇里买房、继续就业等。这种良性循环就会促使农民的城镇化得以实现。

其次,对于农民的"观念进城"来说,于城镇化的意义在于以下几个方面:第一,可以让城镇化发展更加稳固和坚实。当观念上达到希望在城市生活之后,农民就不会再发生类如"返乡抢地"等举动,进而可以让城镇化"只增不减"。第二,可以让农民更加顺应城镇化。之前,农民"被赶上楼",而今"观念"转变以后,即为主动要求进城。这会减少农民与地方政府之间的冲突。在本文看来,这两个方面的意

---

① 对城镇化要有新认识. 北京日报,2012 - 10 - 15,A3 版.
② 城镇化核心是"人的城镇化". 经济日报,2013 - 1 - 18,C2 版.

义对于城镇化而言是非常重要的。反之，就可能有城镇化的倒退或者城镇化取得的进步很小的局面。

五、总结

本文首先谈到了写这篇文章的原因，换句话说，阐述了此文的研究缘起，进而交代了研究的问题。随后，本文阐述的是农民和农民工对农村的印象，从观念的角度出发来谈城镇化之困境。最后，本文分析了农民的观念如何转型以及观念转型之后对城镇化的意义所在。

其实，城镇化的发展，在本文看来最重要的两个问题就是：第一，不愿意进城，尤其是那些即便符合条件也不愿意进城的农民；第二，进城后又返乡的农民，这就相当于进城走了一圈，最后又回到了起点。他们为何如此？本文再次强调的是，我们不否定制度、政策的因素，但是我们也希望从进城的观念上入手来分析农民为何"不进城，不留城"。

最后本文需要说明的是，"中央提出有序推进农业转移人口市民化"，背后的深意在于要渐进式的城镇化，不能操之过急，例如强拆、"赶上楼"。那么，在这种带着柔性机制的城镇化标准下，我们需要做的就是如何在政策保障的前提下，去改变他们的观念，并且告诉他们在城市里生活的好处。一步步的，最终我们相信，"观念"会发生改变，而城镇化会更为有序地推进。

城镇化与村治转型及其再转型

刘成晨

一、问题的提出

在 2013 年的中央城镇化工作会议中习近平总书记指出:"城镇化是现代化的必由之路。推进城镇化是解决农业、农村、农民问题的重要途径,是推动区域协调发展的有力支撑,是扩大内需和促进产业升级的重要抓手,对全面建成小康社会、加快推进社会主义现代化具有重大现实意义和深远历史意义。改革开放以来,我国城镇化进程明显加快,取得显著进展。2012 年,城镇人口达到 7.1 亿,城镇化率基本达到世界平均水平。"[①]其实,我们沿着这个思路发展城镇化,一方面是为了发展中国自身(包括农业发展、经济发展、土地利用等),另外一方面是为了提高我国居民的生活质量等。

然而,我国的城镇率与世界比较起来还有待进一步提升,如下表所示,我国目前(2016 年)的城镇化水平比日本、英国、俄罗斯、美国、

---

① 中央政府门户网站. 中央城镇化工作会议举,习近平、李克强作重要讲话. (2013 - 12 - 14)[2017 - 6 - 15],http://www. gov. cn/ldhd/2013-12/14/content_2547880. htm.

澳大利亚在 2011 年的水平有一定距离。具体如下：

表 1 全球主要国家城市化水平

	1950	1955	1960	1965	1970	1975	1980	1985	1990	1995	2000	2005	2011
日本	53.4%	58.4%	63.3%	67.9%	71.9%	75.7%	76.2%	76.7%	77.3%	78.0%	78.7%	86.0%	91.3%
澳大利亚	77.0%	79.4%	81.5%	83.5%	85.3%	85.9%	85.8%	85.5%	85.7%	86.1%	87.2%	88.2%	89.2%
法国	55.2%	58.2%	61.9%	67.1%	71.1%	72.9%	73.3%	73.7%	74.1%	74.9%	76.9%	81.6%	85.8%
巴西	36.2%	41.1%	46.1%	51.0%	55.9%	60.8%	65.5%	69.9%	73.9%	77.6%	81.2%	82.8%	84.6%
韩国	21.4%	24.4%	27.7%	32.4%	40.7%	48.0%	56.7%	64.9%	73.8%	78.3%	79.7%	81.3%	83.2%
美国	64.2%	67.2%	70.0%	71.9%	73.6%	73.7%	73.7%	74.5%	75.5%	77.3%	79.1%	80.7%	82.4%
加拿大	60.9%	65.7%	69.1%	72.9%	75.7%	75.6%	75.7%	76.4%	76.6%	77.7%	79.5%	80.1%	80.7%
英国	79.0%	78.7%	78.4%	77.8%	77.1%	77.7%	78.5%	78.4%	78.1%	78.4%	78.7%	79.0%	79.6%
墨西哥	42.7%	46.7%	50.8%	54.9%	59.0%	62.8%	66.3%	69.0%	71.4%	73.4%	74.7%	76.3%	78.1%
德国	68.1%	69.7%	71.4%	72.0%	72.3%	72.6%	72.8%	72.7%	73.1%	73.3%	73.1%	73.4%	73.9%
俄罗斯	44.1%	49.0%	53.7%	58.2%	62.5%	66.4%	69.8%	71.9%	73.4%	73.4%	73.4%	72.9%	73.8%
印度	17.0%	17.6%	17.9%	18.8%	19.8%	21.3%	23.1%	24.3%	25.5%	26.6%	27.7%	29.2%	31.3%

（数据来源：《全球主要国家城市化水平分析》，原载《中国产业信息网》，http://www.chyxx.com/industry/201310/222284.html，2013-10-28。）

然而,城镇化水平相对欠缺并非意味着乡村治理就没有或者不足。后者只是一个静态的模式和动态的过程,所以,随着城镇化的开展,必然会带来乡村治理的一系列转型,尤其是对于乡村结构的影响,进而影响治理模式和治理方法。比如,当一部分农民"上楼"以后,农村的权力就会发生一定的变化,正如湖北麻城的一位农民工告诉我的一样:"村里剩下的多半是老人,而老人怎么去监督权力呢?"[1]这样的一个问题所折射出来的就是权力结构发生了位移,而导致这一问题出现的关键在于城镇化把年轻人送进了城市和城镇,农村变得"空巢化""空心化""行政悬空"等。进而,在面对这样的局面时,乡村社会的治理又该如何进行?

类如此理,公共事业的发展在村庄如何进行?水利修建如何开展?如何维护?村民选举怎么解决?修路怎么开展?等等。村庄治理,其实包含的内容还有很多。乡村治理的诸多难题也伴随着这些内容背后的困局而存在。这势必就需要转型乡村治理。

在本文看来,我国的乡村治理转型与城镇化有两次接轨,换句话说,城镇化导致了乡村治理的两次转型。本文主要分析的就是这两次转型分别是什么,怎么转型的,怎么影响的,按照历史的脉络和维度来重新认识乡村治理,并且在这样的基础上如何去更好地进行城镇化。

二、新型城镇化的内涵

显然,新型城镇化是一种人集合在一起的"过程"[2],在这个过程

---

① 时间:2017-6-14。

② 见《正确理解新型城镇化的科学内涵》一文,转引自 http://www.hbmzt.gov.cn/xxgk/ywb/qhdm/zcfg/201310/t20131021_168928.shtml,2013-10-21,上网时间:2017-6-16。

中,我们通过调研发现,往往会出现两个变化:第一,对于城市而言,农民居住在城市中,而这个居住地往往是地方政府划分出来的。第二,对于农村而言或者城中村、城郊而言,往往以建设新农村为契机,转移农村人口,实现他们的城镇化。由此可以看到,城镇化的"人的聚合"就是在这两个路径上进行的。

然而,"城镇化不是简单的城市人口比例增加和面积扩张,而是要在产业支撑、人居环境、社会保障、生活方式等方面实现由'乡'到'城'的转变。"①所以,在人口聚集起来以后,要实现"匹配的对策"才是落实城镇化的关键。具体而言:首先,要解决的第一个问题就是户籍,这是学界部分人士的一个共识,因为户籍阻碍了城乡之间的居民所平等社会保障等资源,农民只能算是生活在城市里的农村人,他们的身份并没有改变。其次,要实现人居环境改造。我们不太清楚的是为何地方政府要单独划出一片区域来实现城镇化?难道是土地有限吗?还是怕因为杂居而导致原住市民与城镇化的农村人之间产生摩擦?退一步说,即便是单独划区域来转移农村人口,也要提供对等的市民小区待遇,例如社区管理等。同时还要营造社区文化,如"城市熟人社区"等,否则他们很可能回流或不愿意城镇化。再次,转移农村人口应考虑土地问题与产业问题。也就是说,既要对农村土地的"补偿"到位,也要为农民在城市里的就业提供条件,毕竟他们不可能坐等吃空,这不是实用主义至上的农村人能够接受的。最后,生活方式的改变需要一点点的进行。

在细化地分析与阐述了上述内涵以后,我们发现,还有一种城镇化的方式未纳入进来考虑,而且是我们当前非常需要注重的,即"就

---

① 湖北省民政厅官网. 正确理解新型城镇化的科学内涵. (2013 - 10 - 21)[2017 - 6 - 16]. http://www. hbmzt. gov. cn/xxgk/ywb/qhdm/zcfg/201310/t20131021_168928. shtml.

地城镇化"。有学者支持:"城镇化不是'摊大饼',而是一直积极稳妥推进城镇化,推动大型城市、中小城镇、新农村社区等整个城镇体系更加合理。新型城镇化要解决好农业产业、农村经济、增加农民收入、完善农村基础设施、发展农村社会事业等'三农'问题。"[①]这也就是说,进行城镇化要注意其方式,而不是"大"就好,还在于"适合不适合""合理不合理"等等。

三、城镇化与乡村治理转型(1979—1991)

正如我们所看到的那样,新型城镇化因为方式与模式的不同,所以需要的治理方式也不同。对于乡村治理而言,新型城镇化面临的问题,主要集中在如何治理"空巢化"的农村? 如何治理城镇化后的"农村社区"? 这两点是我们需要注意的。在本文看来,一共有两次转型:第一次是在 1979—1991 年,这个时间段被学界认为是城镇化或城市化平稳发展的阶段;第二次是在 1992 年—2006 年,这阶段被学界认为是快速发展的阶段,尤其是市场经济、人口结构、产业分布、劳动力需求等因素作用下,进行了人口的城市转移。

回望 1979 年,我们对一首歌词肯定很是熟悉:"1979 年,那是一个春天,有一位老人在中国的南海边画了一个圈,神话般地崛起座座城,奇迹般地聚起座座金山。1992 年,又是一个春天,有一位老人在中国的南海边写下诗篇,天地间荡起滚滚春潮,征途上扬起浩浩风帆。"从歌词中我们可以看到,正是因为政治上主导的改革开放导致了城镇化的发展,尤其是在经济上的变革,导致了城镇化的平稳发展。

[①] 湖北省民政厅官网.正确理解新型城镇化的科学内涵.(2013 - 10 - 21)[2017 - 6 - 16],http://www.hbmzt.gov.cn/xxgk/ywb/qhdm/zcfg/201310/t20131021_168928.shtml.

在这个阶段,城镇化到底发展成什么样了呢?"党的十一届三中全会以来,特别是进入 90 年代以后,小城镇发展战略的实施、经济开发区的普遍建立以及乡镇企业的兴起,带动了城市化水平的高速发展。1979 到 1991 年的十二年间,全国共新增加城市 286 个,相当于前三十年增加数的 4.7 倍,平均每年新增 15 个城市。到 1991 年末,城镇人口增加到 31203 万人,比 1978 年增长 80.9%,平均每年增长5.8%。城市化率达到 26.94%,比 1978 年提高 9 个百分点。"[①]

不难发现,到了 1991 年末城镇化人口增加了 3 万多人,而对于农村而言(就全国来说)并未有太大的影响,毕竟此刻城市化率才有26.94%,结合表 1 来看,与发达国家比较,实在有点低。

而在这个阶段,乡村治理也发生了一系列的变革,具体来说:"新中国成立之后,由于共产党的高度政治动员能力,对农民实施了空前绝后的动员,导致 1949 年一直到 1978 年,中国实现了两千年以来没有实现的东西,就是动员了中国最基层的农民,使他们的国家意识空前觉醒,集体意识空前觉醒。……空前的国家意识,农民干劲空前高涨,合作意识增强,他们参与了国家建设,开始了合作化运动和人民公社运动,尽管在 50 年代后期国家在某种程度上忽略了农民的自主性和独立性,过于急速地要推动中国的农村公社化。但是国家动员能力的增强,反过来也瓦解了中国两千多年以来固有的乡土社会的治理机制,这个瓦解实际上导致了在 1978 年之后,当国家政治动员能力弱了,国家制度渗透程度低了之后,我们发现农村又出现了大量的乡村治理的真空地带。"[②]所以,如果我们聚焦以下 1978 年以后到

---

① 陈彬. 我国城镇化发展的历史与未来趋势. (2016 - 4 - 8)[2017 - 6 - 15], http://www. sic. gov. cn/News/455/6167. htm。

② 王曙光. 中国乡村治理的历史嬗变与现代转型. (2015 - 8 - 3)[2017 - 6 - 13], http://www. zgxcfx. com/Article/90056. html。

1991 年便可以发现，乡村因为城镇化的因素与改革开放所带来的影响，出现了"松动"，而不再如人民公社时期那般的"紧密"，这种关系的强弱主要表现在村干部与村民、村小组与村民、国家与村民之间。

人民公社是"按照一大二公和党、政、军、民、学统一原则建立的，是一个集政治、经济、文化和社会管理事务为一体的全能主义治理模式，为'公社—生产大队—生产队'三级治理组织体系。"①而 1982 年的"联产承包责任制"导致其"变化"以后，呈现出来的乡村治理却成为了"乡镇政权＋村委会制"，并且这样的模式一直延续至今。

国家权力末梢抽离到了乡镇一级，而不再是村，所以，对于村庄的动员能力、组织能力成为了杜赞奇等人所说的"内卷化"状态，逐步变弱。这是国家对于农村社会的"开放"所致，而权力代理人与经纪人②就变成了国家的一种行政权力的"抓手"，对于上级政府而言，他们执行政策，对于下层百姓而言，他们是管理者和合作者的角色，所以，乡村治理的转型从过去的"全能主义模式"变为了"乡镇＋村委"的行政模式，由此，乡村治理的方法也就发生了很大的转变。具体来说："从一元治理到多元治理；从集权管治到分权民主；从集权管治到分权民主；从人治到法治。"③所以，从这个角度来说，乡村治理的模式变化与政治有很大的关系。

城镇化的发展刚刚结束人民公社时期的中国农村并未有太多对乡村治理模式的影响，它更多的是政治对于农村的松动以后所带来的小范围的"人口流动"。但关于农村的治理，因为城镇化的影响而

① 袁金辉. 乡村治理与现代化，郑州：郑州大学出版社，2007：52-55。
② 杜赞奇：《文化、权力与国家：1900—1942 年的华北农村》. 南京：江苏人民出版社，2010：73-75。
③ 李莉、卢福营. 当代中国的乡村治理变迁. 人民论坛，2010(17)：60—61.

出现少部分的转型,例如"发展农业经济""提高农民的生活质量"等。不难发现,基于经济上的考虑,一些村干部会在 20 世纪 90 年代开始去大量跟随国家政策而发展乡镇企业,一方面是为国家经济的存量贡献力量,另外一方面也不能排除他们从走出去的人当中看到了经济的发展所带来的一系列好处,例如通讯、交通工具、收入等。

杨茂林认为:"20 世纪 80 年代以来,中国已经建立了完整的国民经济体系,农村经济占国民经济的比重越来越小,国家越来越不依赖于从农村抽取资源来进行现代化建设。随着家庭承包经营为主的农村土地改革的实施,农民从国家性的地方政治经济共同体中迅速回归到家庭组织中,这个转变使得农民一夜之间又似乎回归到传统,国家政治也回归到乡村现实中。"①为此,"去国家化"变成了乡村治理的一个主线,而发展经济,回归现实,成为了乡村任务。

当然,主要的因素还在于国家对于乡村治理模式在过去所存在的弊端进行的反思之后才做出 1979 年的举措。问题是,朝着何处发展,是我们进行摸索和观察后的一个结果。为此,我们是否可以这样认为:"1978 年党的十一届三中全会确立改革开放路线以后,农村经济改革的发展势必影响到乡村治理。30 年来,中国农村最引人注目的变化从经济上说是推行家庭联产承包责任制,从政治上说是推行村民自治。尤其是村民自治的政治实践,导致了整个农村政治生活的根本性变迁,使中国农村正在走出一种新的乡村治理模式。"②

---

① 杨茂林. 新中国"乡村治理"的探索和思考. (2014-7-26)[2017-6-15]. http://www.360doc.com/content/14/0726/06/12601212_397114006.shtml.

② 吕云涛. 新中国乡村治理模式变迁 60 年的回顾与展望. 延边党校学报,2010(1): 68—70。

四、新型城镇化与乡村治理的再转型(1992—2006)①

时间可以继续往后推移,也就是到了我们所说的 1992 年,这个阶段的城镇化对于农村的治理而言,影响比 1991 年之前要大很多。尤其是新型城镇化的举措提出以后,乡村治理发生了李培林所说的"巨变",很大一部分原因不在于政治,而在于乡村结构发生了变化。

从表 2 可以看到,从 1992 年到 2006 年,我国的城镇化率几乎翻了一倍,而这会带来什么样的效果呢? 首先是"人口的聚合度增加",其次是"经济发展"与"农村发展"。尤其是农村出现"空心化"。

表 2　1992 年—2006 年的中国城镇化率②

年份	百分比
1992	27.63
1993	28.14
1994	28.62
1995	29.04

---

① 也有学者称"1978 年改革开放以来,中国的城镇化大致经历了三个发展阶段,第一阶段为 1978~1992 年,该阶段的城镇化以农村改革为起点,以全面开放为主要动力,1984 年,国家出台了农民工进城务工的政策,开启了政府对劳动力流动政策的改革。城镇化率从 17.9%提升至 27.5%;第二阶段为 1992~2002 年,该阶段的城镇化发展模式是以工业化带动城镇化为起点,以城镇土地市场化为主要动力,克服了城市建设资金不足和就业容纳能力低的限制,城镇化率从 27.5%上升到 39.1%;第三阶段为 2002~2012 年,该阶段的城镇化以产业升级。"见《新型城镇化发展现状与思考》,原载《人民论坛》,2014 年第 3 期。但是本文的分析方法与该位学者不同,我们认为 2006 年的税费改革以后所带来的影响要大很多,而不该时间定格在 2002 年或 2012 年。所以,还有学者所说的"1992 年—至今"的分法,本文也觉得有一定的不足。所以,我们提出 1992—2006 年的说法。

② 转自《中国城镇化率统计(1949—2013 年)》。

年份	百分比
1996	29.37
1997	29.92
1998	30.40
1999	30.89
2000	36.22
2001	37.66
2002	39.90
2003	40.53
2004	41.76
2005	42.99
2006	43.90

正是因为人口的大量外移导致乡村结构发生了变化：首先是乡村权力结构发生了变化。例如"2006 年，两千多年的农业税被取消，原先存在的农村干群关系紧张得以缓解，村干部因为农业税的取消以后，特别是小组长等职务，变得可有可无，有的甚至都沦为了通信员，但在 2006 年以前，一个村的小组长都可谓是风光无限。"①从这段话就可以发现，2006 年前后的乡村权力模式发生了改变，村支书的角色发生了改变，而导致他们的角色转变的很大一部分原因，除了政治上对税费进行改革以后就是城镇化。进一步说，村庄里都已经无人了，村支书的权力设置还有多大的作用？管理谁呢？

---

① 刘成晨. 村支书的权力变化与乡村权力结构变迁—以湖北省 Z 村为例，兰州大学硕士论文，2014 年 5 月。

同时,有报道显示说:"2006 年,中国城市化率虽然只有 43.9%,但 2/3 以上的 GDP 产自于城市;城市建成区面积仅占全国国土面积的 0.34%,但居住了 1/4 以上的人口,城市已经成为中国国民经济和社会发展的主体,成为促进经济、社会、人口、资源、环境协调发展的主要地域。城市的科学发展在很大程度上决定着未来中国的科学发展。"①所以,这再一次证明了人口在外移(因为城镇化)。

正是在这样的前提下,我国的乡村治理从 1992 年到 2006 年又发生了什么样的转型呢?刘金海认为:"20 世纪 80 年代以来,乡村治理经历了三次转变:从最初的民主选举'单兵突进'向'四个民主'(民主选举、民主决策、民主管理和民主监督)并重转变;从注重村民自治的民主功能向注重村民自治的治理功能转变;从重点关注乡村治理的制度与规范向治理的条件与形式转变。实际的乡村治理过程更为复杂,治理模式也就更加多变。乡村治理模式经历了从'总体支配'到'技术治理'、从一元到多元、从'碎片化'到'总体性治理'的转变历程。这说明,虽然乡村治理的制度性规定是统一的,但乡村治理模式却是多样化的,并且一直处于不断发展的过程中。"②为此,村民自治从 1988 年的提出到 21 世纪初的发展,一定程度上给乡村治理提供了帮助,而在"治理术"上的突破与创新,为村治提供了补充和操作化的可能性。

乡村治理的改变,从某种意义上说,正是政策对现实农村社会的及时调整所带来的结果,却无形地影响了整个农村的发展。从政治意义上来说,给农民了权利与保障,从经济意义上说,发展了农业与增加了农民收入,也带了政治上更大的合法性问题,同时还解决了人

---

① 2006 年中国城市化率为 43.9%,超 1/4 人口住在城市. (2007 - 12 - 20)[2017 - 6 - 15]. http://news. sohu. com/20071220/n254207746. shtml。

② 刘金海. 乡村治理模式的发展与创新. 中国农村观察,2016(6):67—7

口外迁所带来的困境。

　　而就在新型城镇化提出的背景之下，乡村治理的模式发生了改变，正如我们在上文中所提到的那样，新农村建设、涌入城市生活等等因素，导致农村空心化、空巢化，那么乡村治理就必须做出调整。

（图片来自网络）

　　有学者认为："村民自治虽然是近30年来乡村治理的制度性框架，但乡村实际的治理模式呈现出多样化的发展趋势。乡村治理是一个综合性的体系，除了存在'1＋N'的治理体系与'横向'的权力分割外，新的社会力量也在发展，主要体现为村民小组的作用凸显、宗族复兴及各种民间组织兴起，这促使着乡村治理模式向着多样化的方向发展。进入21世纪以来，在一些地区的农村，原来的村级治理单元被突破或重构，村民小组自治、片区治理等一些新乡村治理模式出现。"①所以，乡村治理变成了"自主性更强""宗族加入"现状，再加上笔者在研究中提出的"村干部角色转变"，从而成为了乡村治理再

---

① 刘金海. 乡村治理模式的发展与创新. 中国农村观察，2016(6)：67。

转型的总体景观。

具体来说：首先，正是因为国家对于地方的"去国家化"导致国家进一步抽离了基层，而乡镇现在的状态更多处于原先村干部所担任的职能。权力的上移是村庄变化的结果，也是治理的需要。其次，宗族的加入，在某些片区显得尤为强烈，这与现如今的"新乡绅"治理有一些类似，而宗族的加入一方面会带来治理上的弹性，例如对村民矛盾的和解非常有帮助，也带了一系列的后果。再次，因为人口的流动导致村庄"空心"，而村干部成为一个"吃亏不讨好的职能"——干了很多事情，拿不到更多的"油水"，所以很多村干部出现无人愿意承担的现象。同时，即便是承担，角色也发生了改变，原先是管理者，现在是服务者（与乡村治理现代化的理念有一定的关系），通知者。

所以，乡村治理的再转型受到了新型城镇化的影响，也受到了国家政策的影响，更受到了村庄自身的转变的影响。它现在的模式与方法更多的是体现在"自主性"上，让农民自己去摸索，而找到一条符合他们自己的发展道路，并在适当的时候进行一些指导，学界把这样的一种治理称为"有限指导＋合作"，我们可以把它称为"有限的合作治理"。为什么这样说呢？有限性主要体现在党对基层的领导，而合作治理是未来的一个共赢趋势。

五、总结

本文从先从城镇化的概念入手，理解城镇化的内涵所在，再从1979年—1991年的乡村治理到1992年—2006年的乡村治理入手，讨论了城镇化对乡村治理的影响。从两次转型可以发现，第一次是"政治主导"的成分更多，"去国家化"是在人民公社瓦解以后所呈现出的一种乡村治理的状态，而正是在这个背景下，村民自治应运而生,给予了村民以权利去自主性地进行治理。同时,经济上的发展导致这个阶段内的乡村治理更多的是注重"待遇"要更多,这是历史的因素所致。而在第二个阶段,更多的是"再去国家化",导致村民得到更多的自主权利,并且开始从"待遇"上转移到"权利"上来。他们更加重视监督,却因为城镇化的影响而想办法去监督却不得,因为"老人"和"无人"怎么监督村干部,同时国家的发展把村干部的角色弱化,导致无人愿意去担任这一职务,所以形成了一个虚设,这对于乡村治理而言,到底是好事还是坏事?暂且不能给出答案。但是问题会随之产生,例如我们在开篇所述的,乡村公益事业等怎么办?一方面,这是现在还未达到一定程度的城市化与城镇化所必须面临的问题;另外一方面,这也事关城镇化后土地集合起来生产必须解决的一个问题。当然,机械化的农业操作顶多给农村提供更多的就业机会与稳定或增加收入的可能性,可是乡村的治理未必就是钱的问题。所以,城镇化所带来的乡村治理转型,到底是合作什么,怎么合作,是未来的一个不可忽略的命题,否则,乡村治理现代化就会失败,而后果是农村的治理不仅仅是"行政悬空",还会带来"乡村衰败"的可能性,无论是政治上的,还是经济上的。

新型城镇化对扶贫的影响及共存的问题与对策

刘成晨

一、问题的提出

据悉,"2017 年 6 月 16 日,2017 中国市长协会小城市(镇)发展专业委员会年会暨'第二届中国新型城镇化发展研讨会'在黑龙江省哈尔滨市隆重召开。本次大会围绕'中国新型城镇化发展新机遇、新动能、新空间'这一主题,来自全国近 100 个城市、200 多名市区县镇长、城镇化专家、企业代表、金融机构专业人士,共同探讨了城市发展模式、城镇建设路径、城市运营管理经验。"①

从中不难发现,城镇化对于当前而言,最重要的就是三个方面的内容,一个是发展模式是什么? 这个要取决于每个不同地区的"特殊性",例如中西部之间的发展模式可能就不一样。一个是建设路径是什么? 如何建设? 事关城市社区内的农民与农民之间的矛盾性是否强烈? 老百姓要什么样的社区是否询问过他们? 等等,这都是建设

---

① 中国新闻网."第二届中国新型城镇化发展研讨会"在哈尔滨举办,(2017 - 6 - 16)[2017 - 6 - 17].http://news.ifeng.com/a/20170616/51263285_0.shtml。

需要考虑的问题。最后一个是如何管理？我们常说"以人为本"，但这四个字说起来非常容易，却做起来比较困难。尤其是在行政主导下的新型城镇化后的"管理"显得非常不容易，一方面，城市管理需要人性化的设计与习俗、文化上的通融，另外一方面，要考虑周全，多方面地为农民着想，否则他们就会离开城市而回到农村。管理农民与管理市民是不同的，更要考虑二者身份背后的一系列因素，所以管理者往往需要调整思维，服务他们的同时，要学会让其自治，这样或许管理起来的成本会比较小，也容易很多。

问题是，当我们把农民等移入到城市以后，我们有无考虑两个路径上的问题？第一个路径是，农民到城市里是否会"成为贫困户"？另外一个是，如何实现贫困户的城镇化？这并非说把他们融入城市里就可以，而是要解决他们的生存技能，就业，生存条件（如房子等）。为此，本文在这样的两个路径之上来考虑新型城镇化到底对扶贫有什样的影响？存在哪些问题？如何解决？本文认为，这恰好是我们在哈尔滨的会议上或许未有考虑到的。可它显得非常重要。

本文从以下三个方面来分别论述，先让我们看一下新型城镇化对扶贫的影响是什么，呈现出了什么样的"景观"。

二、新型城镇化对扶贫的影响

所谓新型城镇化，是以城乡统筹、城乡一体、产业互动、节约集约、生态宜居、和谐发展为基本特征的城镇化，是大中小城市、小城镇、新型农村社区协调发展、互促共进的城镇化。

在 2003 年 10 月，党的第十六次代表大会在北京召开，当时城镇化率达到 37.7%，全国城镇化发展迅猛，以此为背景，十六大报告首次将新型城镇化的雏形——"走中国特色城镇化道路"明确提出，并将大中城市与小城镇的协调发展作为其初步内涵。[①] 为此,从第一次提出新型城镇化这个概念以后,随后其经历了以下几个阶段,分别为"十六届五中全会胡总书记提出'新四化'倡导新型城镇化"(第二阶段)、"十七大确立'新五化',利用科学发展观推进新型城镇化"(第三个阶段)、"新型城镇化深入指导'十二五'实践"(第四个阶段)、"明确新型城镇化的发展路径,新四化的融合共进"(第五个阶段)、"十八届三中全会定调城镇化"(第六个阶段)和"国家新型城镇化规划(2014—2020 年)发布"(第七个阶段),而最后一个阶段是未来城镇化的发展方向,即"2014 年 3 月 16 日,我国首部城镇化规划——《国家新型城镇化规划(2014—2020 年)》(以下简称《规划》)正式发布。"这意味着我国还将大力发展城镇化。

然而,在这个过程当中,伴随着新型城镇化的进行,我国出现了与其相伴的一系列问题。仅拿扶贫来说,一方面,新型城镇化会不会导致贫困的产生?另外一方面,在贫困地区如何实现城镇化?

(1) 新型城镇化会致贫吗?

国务院副总理汪洋曾表示:"城镇化对于统筹城乡发展、减少农村贫困、实现社会公平等具有十分重要的作用。中国将坚定不移地走新型城镇化道路,有序推进农业人口转移,促进经济社会持续健康发展。新型城镇化将更加重视解决人的城镇化问题,更加重视资源节约和环境保护,更加重视城乡一体化,更加重视区域协调发展。中国将加快推进贫困地区基础设施建设和城镇化步伐,让更多的贫困

---

① 见 http://www.wang1314.com/doc/topic-520064-1.html,2014 - 11 - 25,上网时间:2017 - 6 - 15。

人口充分享受工业化、城镇化的成果。"①这也就意味着在转移农业人口的时候会让农民享受在城市里相对较好的收入,以至于他们比过去过得更好。所以,新型城镇化对于贫困是一种"正能量"。

(图片来自网络)

戈大专等人研究发现:"改革开放以来,我国城镇化进程不断加快。1978—2014年,我国城镇常住人口从1.7亿增至7.3亿,城镇化率从17.92%升至54.77%,设市城市数量从193个增至658个,城市建成区面积由1981年的7438平方公里增至2014年的49773平方公里,目前我国已初步形成以大城市为中心、中小城市为骨干、小城镇为基础的多层次的城镇等级体系。以生产要素的集聚为突出特点的城镇化的快速推进,带动了我国整体经济发展水平和城乡居民生活水平的持续提高,有力地支撑了中国经济增长的奇迹,同时也存在人口不完全城镇化、土地城镇化速度过快、城镇空间无序扩张、城镇规模结构不合理以及由此引起的资源大量消耗、环境污染加剧、生

---

① 汪洋. 城镇化对于减少农村贫困具有重要作用. (2013 - 11 - 17)[2017 - 6 - 16],http://www. chinanews. com/gn/2013/10-17/5394068. sht。

态安全和粮食安全隐患突出等一系列矛盾和问题。"①所以,新型城镇化对于经济增长,全民共享"红利"是有利的。

的确,新型城镇化会带来土地资源的重新整合,会把农民纳入到城市体系之中享受比农村高一些的保障机制(虽然他们的身份还可能是农民),但是,在城市里如果没有就业的可能,或者年收入比较低,甚至比在农村还要低,怎么办? 这少部分群体的现状是否可以忽略不计?

例如,湖北省 A 村的某位农民就告诉我们:"在农村只用干几个月的活,在城市里当保安(其他的又不会),还要熬夜,钱也不多,且不自在。"②同样,我们据此还做了一份调查,A 村的农民年收入在 3 万多元人民币左右,却在城市里生活以后,一个月 2600 元的收入,12 个月下来的工资是 31200 元人民币。但是,每个月的生活费就要 18000元(12 个月乘以 1500 元),其他的开销不算,那么结余下来的钱只有1 万 3 千多元。可在农村,是不需要每月 1500 元的生活费的,可以自产自足。为此,进城以后到底是赚钱了还是赔钱了(相对在农村而言)?

类似这样的情况,其实还有,只是说当农民进城以后,拿出土地入股,然后在城市里谋生,或许可以赚得多一点,而入股的分红其实也没有多少。所以,看似在城市里很体面,却背负的压力比在农村还要大。"在城市里什么都要钱,喝水都要钱,我以前种油菜,口渴了,就直接在堰塘里喝水,不要钱啊。"一位村妇对我们如此说道。③ 她的这个形容与比较的确是存在的,而没有调查过就说不存在导致贫困

---

① 龙花楼等. 新型城镇化对扶贫开发的影响与应对研究. 中国科学院院刊,2016(3):309。
② 访谈时间:2017 - 6 - 10。
③ 访谈时间:2017 - 1 - 16。

的可能性,笔者认为是不客观的。

也不是说全部都是这样,例如 A 村的另外一个村民就是出去以后"混",现在已经在深圳有房,成为了高级蓝领。比起那些留守在村里的农民和后来才进城的农民来说,后者往往很羡慕他的生活。

所以,客观地看待新型城镇化对贫困的影响是我们的一种正确的态度,而一味地看到"好",忽略"不好"(例如 Effects of New-type Urbanization on Poverty Alleviation and Development and Corresponding Countermeasures 一文的作者们),则显得不客观。

(2) 贫困地区如何实现城镇化?

毛传顺认为:"推进新型城镇化,有利于农村人口转移、推动农业规模化和组织化经营、优化城乡空间布局环卫加快城乡一体化发展步伐,抓住新城镇化建设机遇,推动贫困地区经济社会跨越发展,具有十分重要的现实意义。"①那么,提高贫困地区的经济跨越式发展,到底需要我们怎么做呢?毛传顺提到:(1)坚持先行先试;(2)突出产业支撑;(3)注重规划引领;(4)注重统筹推进;(5)创新体制机制;(6)健全社会保障机制。"②在本文看来,最为重要的三点就是要注重特色产业的发展、教育质量的提高和保障机制的完善。具体来说,农村地区的发展与产业分不开,而什么样的产业是最适合当地的,地方政府在引导脱贫的时候要注意考虑。再就是,教育是实现社会流动可能性的一种方式,而无教育作为保障,则很难实现代际性脱贫,还有就是社会保障意味着医疗、养老等方面的救护,而无健全的社会保障会因为生病等原因导致巨额的医疗费承担,致使新的贫困或者

---

① 毛传顺. 有关贫困地区新型城镇化建设的调查与思考. (2014 - 11 - 11)[2017 - 6 - 15], http://www. hbjs. gov. cn/jcms/jcms _ files/jcms1/web1/site/preview/art/2014/11/11/art_24_0. html。

② 同上。

返贫困的发生。为此,在贫困地区进行脱贫势在必行,也迫在眉睫,否则就是违背扶贫的本意。如再把新型城镇化的发展与以上三点结合起来,我们可以看到,转变农民身份,发展特色经济和保障教育是刻不容缓的事情。

三、新型城镇化与扶贫的共存问题

新型城镇化是一个战略性的问题,扶贫是一个事实性的问题,二者的有机结合,扶贫可以在新型城镇化的战略中得以解决。问题是,在新型城镇化中到底存在哪些"事实性的扶贫问题"呢?

(1)"人"的问题

什么是"人"的问题?李克强总理谈到,"要走以人为本的城镇化",这背后的深意在于尊重"人",而不是仅仅在数据上做功夫。梁孟益认为:"(1)必须树立以人为本、城乡统筹的现代化城市建设理念。(2)必须做好产城结合、绿色发展有特色的城市规划。(3)必须加强城市管理。"①如此,才能更好地完成和实现新型城镇化。的确,绿色城镇化本就是一种以人为本的城镇化,经济发展了,环境破坏了,那么可持续的经济发展则就会成为问题,城镇化的代价我们还是要在日后补偿给自然。为此,新型城镇化、产业发展与环境保护三个应该有机结合,这样的脱贫才是正确的路子。

邓晓东认为:"古丈有数十万亩的国家级自然保护区和国家森林公园,居住其中的农民不能再依赖于'靠山吃山'的生产方式,若不搬迁发展,既脱不了贫,又难保得生态。因此,不论是算政治账,还是算经济账、算生态账,都要从根本上清除制约人口转移的体制障碍,打

---

① 梁孟益.加快贫困地区城镇化的思考.法制与经济,2006(18):74—75.

破农村和城镇二元分割的管理模式,实行有利于吸引人口流动的迁移政策,统筹考虑入学、就业、医疗、养老等制度改革,推进公共服务均等化,让农民群众能进城、愿进城、常住城,享受与城市居民同等的公共服务和社会福利,真正实现'人'的城镇化"。① 所以,对人的尊重是新型城镇化中的一个非常重要的部分。

(2)"钱"的问题

邓晓东认为:"城镇建设和扶贫开发所需资金巨大,仅靠当地政府筹资或是农民个人承担都不切合实际,要打破城镇建设和扶贫开发独立的投资格局,建立统筹考虑、合理引导、精准使用的新模式。"② 进而,在本文看来,采取引入资金的方式可以有两种选择:一个是"企业牵头",另外一个是"自我造血"。对于前者而言,我们的地方政府需要拿出诚意去邀请,有条件的地区要引入企业来进行新型城镇化的帮扶与扶贫。而对于后者要学会利用当地的条件去办厂,引导当地居民去自己解决贫困问题。而采取一帮一的方式去解决贫困,很可能会导致新的贫困问题的产生。正如笔者在《关于农村精准扶贫的一点思考》中所谈到的那样,"笔者在山西农村调查时,当地一位在基层工作的朋友告诉我们,他所负责的扶贫对象共5家,自己每个月收入(他有事业编制)共2000多元。如果单纯支持每户每个月400元,那么自己基本上一个月等于白干。在收入一定,对象被安排为5个不能变动对象的情况下,他如何去完成精准扶贫? 这就涉及到一个问题,可以想象,当旧有的输血式扶贫撤走以后,农民依然是贫困的。何况,此类平均主义思维和一对一帮扶思维的扶贫方式,很可能

① 邓晓东.关于同步推进新型城镇化和精准扶贫工作的思考.(2014 - 8 - 25)[2017 - 6 - 15],http://xxz.gov.cn/xxgk/zzfxxgk/zfgztb/201409/t20140909_134836.html.
② 同上.

导致的不是贫困的减少,而是贫困的增加。"①

总之,"钱"的问题是新型城镇化中扶贫的一个重大问题,既关系到城镇化的发展,也关系到贫困的"脱离"。本文认为,问题的关键不在于如何使用资金,而在于如何引入资金和"自我造血"相互结合。

(3)"地"的问题

城镇化必然会引发关于土地问题的考虑。就目前而言,土地的流转大致上可以分为以下几种:(1)土地入股。以股东的形式入股,让大股东经营与管理,年终分红。(2)转让。转让给亲朋好友,以租的形式出让土地使用权。(3)互换。以自己的土地和其他村民的土地进行置换,这要看土地的成色,距离家的距离,水源问题,等等。(4)宅基住房。(5)股份入股。这个就有点合作社的意思了,以土地一起合伙,然后再分红。

所以,我们"要完善农村土地管理制度,建立健全土地流转、土地置换、土地抵押、土地退出、土地征收等利益分配机制,解决好城镇建设中'占优补劣'和农民进城土地闲置等问题。"②以此来优化土地的使用,完善土地流转的制度,帮助农民更好地利用土地进行生产与收益。

(4)"引导者"的问题

我们发现,现在地方的发展——如何脱贫与如何城镇化,至关重要的一个模式是"有限引导+合作",所以,这就需要考虑"谁来引导"的问题,显然是地方干部,如何防止"懒政"是非常关键的。

---

① 刘晨. 关于农村精准扶贫的一点思考. 湖北社会科学报,2016(8),第2版。
② 《关于同步推进新型城镇化和精准扶贫工作的思考》,原载 http://xxz. gov. cn/xxgk/zzfxxgk/zfgztb/201409/t20140909_134836. html,2014 - 8 - 15,上网时间:2017 - 6 - 17.

那么,地方干部又该如何引导农民进行城镇化与脱贫呢？首先要尽心尽力,切实做好"为人民服务",做一个好干部。这是心德的问题,是职责践行的问题,不能总想着"捞油水"。其次是要"走出去",把"外"资引进来,或者把当地的特色产业推出去,例如湖北宜昌秭归的橘子就是很好的例子,把橘子推出去就能增加销量,扩大农民的收益。再次就是以服务者的理念去帮助农民发展经济,进行城镇化,否则以"遇到困难就退缩"的心态来完成城镇化的安排指标或脱贫任务,不但不能好好完成,反而还可能在方法上、效率上不足,导致农民的不满,甚至引发干群关系的紧张。

我们之所以把"谁来引导"拿出来说的目的就在于此,但是学界对这个问题并非太重视,没有把它放在"人""地""钱"的问题之中。当然,很多人会认为以上三个问题就是全部,第四个问题可以嵌入其中,但是我们并不这样认为,在中国这样的大环境下,如果不顾"谁来引导"的问题,只是去谈资源等问题,最后可能还是把事情做不成、做不好。

四、化解扶贫与城镇化中的共存问题

正如我们在上文中所看到的那样,因为新型城镇化可能致富或者致贫,所以我们如何在这样的情况之下去思考,解决"人的问题""土地的问题""钱的问题"与"谁来引导的问题"。

(1) 把服务农民、致富农民作为第一要义

张辉指出:"统计上把农民收入分为四个部分,即家庭经营收入、工资性收入、财产性收入和转移性收入。改革开放之初,我国农民收入中,家庭经营收入占大头;随着改革开放后工业化、城镇化速度的逐步加快,越来越多的农民开始由乡村向城镇转移、由田间向工厂转

移,由此工资性收入在农民家庭收入中占据的份额逐渐增大。2013年,我国农民人均纯收入 8896 元,其中,家庭经营纯收入 3793 元,工资性收入 4025 元,首次超过家庭经营纯收入,占比成为'老大'。这说明,城镇化已成为农民增收的主渠道。"①鉴于此,农民增收就可以借用城镇化的战略来达到目的,从而脱贫。

与此同时,为"三农"服务,无论是地方干部还是企业,都应该做到"服务"为首,如此才可能真正地把国家的大战略做好,否则只顾及利益而把农民当工具,甚至和农民争利,而农民又处在弱势当中,这样怎么致富?怎么脱贫?只会更加贫困。还有,之所以提服务而不是管理,在于地方干部要懂得如何去支持农民自己的想法,如小岗村的农民当初那样,他们有创造性,有开拓创新,缺乏的是一个平台、资金、政策和技术的支持。所以,这样说来,服务"三农"的关键在于政府的角色扮演和技术等方面的提供。

(2) 把可持续发展,绿色城镇化当成目标

人的发展与生存与环境密不可分,这势必关系到我们要发展出什么样的城镇化的问题。习近平总书记曾经指出:"新型城镇化建设,要'以人的城镇化为核心'。城镇化不仅仅是物的城镇化,更重要的是人的城镇化②,城镇的发展终究要依靠人、为了人,以人为核心才是城市建设与发展的本质。"③这里所说的"人",在本文看来,除了在"人的流动"上实现城镇化,实现贫困人口的脱贫之外,还在于人与城镇的融合性问题。毫无疑问,"绿色"与可持续发展的城镇化,绿色发

---

① 张辉. 新型城镇化与农民增收. 光明日报,2015 - 11 - 18,第 12 版。
② 人的城镇化,还需要改变农民的身份,改革户籍制度,这样才可以让农民更好地融入城市。
③ 习近平. 以"人"的城镇化为核心. (2016 - 2 - 18)[2017 - 6 - 17], http://news. sohu. com/20160228/n438745860. shtml.

展与致富中的产业发展应该相互结合。如此,才能做到"人"的城镇化。

(3) 保障土地的流转与城镇化战略配套以发展农村经济

"随着城镇化进程的加快,农村大量的人员向城市集中,从而促使城镇化建设进一步加快,但同时也引发了农村土地流转、宅基地转让等一系列的问题。"①这些问题,一方面要与城镇化的战略配合来解决,用发展的眼光去解决发展中的问题;另外一方面,要把土地资源的合理利用与经济发展结合起来,而不仅仅是土地流转的本身。国家可以借助,乡镇也可以借助这一战略来统筹和规划土地使用,把让出来的土地整合,进行规模经济的生产,这是改变原先固有的"小农经济"的一次机会,也是扩大农民收益与城乡经济发展的一次契机。

(4) 引入外资或自我造血来解决资金困难的问题

外来资金的引入是地方干部的任务,否则如何发展农村? 但也并不是说所有的乡村都有这样的条件。正如我们在文章中所说的一样,尤其是一些有特色、有资源、有条件的乡村,城郊地区的乡村,城中村等可以借鉴这一模式。

一方面,这样的做法可以解决一部分的就业问题与增收问题,可以缓解贫困的问题,甚至脱贫(进行职业技术培训等),另外一方面,外来资金的合理利用可以为城镇化的发展提供机会,尤其是把农村人口引入到城镇,企业、技术等可以解决很多农民的后顾之忧。

在引入外部资金的同时,农民自身也可以利用当地的特色(如湘西地区,桂林地区)来进行"自我造血"。对于山区的农村而言,如不发展特色经济(产业经济、旅游经济等)则脱贫与城镇化就会变成(很可能)空话。

---

① 穆义财. 城镇化与农村土地流转现状、存在的问题及对策. 西部资源,2010(1):27—28。

(5) 切实做到地方干部的尽职尽责，有限引导与农民合作相结合

地方干部是脱贫的引导者，是城镇化的帮扶者，他们掌握着一定的资源，也有一定的人脉关系，更有老百姓对他们的信任，上级政府对他们的支持，所以才能在乡镇的位置上切实履行人民公仆角色的机会。现在有的干部不作为，这是懒政与腐败的表现，应该追责，而有的干部，又管太多，这又会导致农民的活力受阻和创造力受阻。所以，一方面，地方政府可以有限地引导和发展乡镇经济，实现农民的流动，另外一方面，组织农民成立农会，进行合作化，这样可以更好地解决贫困问题，也可以在帮扶他们的时候取得农民更大的信任，而减少城镇化的阻力，改变他们的"进城"与"留城"的观念。

综上所述，解决"人""资金""土地"与"引导者"的问题，还在于"有限引导＋合作"的框架下进行尝试。一方面，是理念的问题，另外一方面是现实的问题（如资金、技术等）。既然有问题，就要想法去解决，我们在上文中提出了若干解决的方法，可能对于整个中国而言，不是所有的地方都可以适用，所以，走出一条自己的路，沿着相对正确的理念，或许"人"的城镇化就不远了。

五、总结

本文先从城镇化对扶贫的影响谈起，再从这个角度进入谈到城镇化与扶贫中存在的问题，共有四个方面，然后再对这四点进行解析，得出相对的政策。

在某种意义上说，本文并非一个对地方案例的考察，而是站在一些基本的理论高度来探讨这两点之间的关系和他们在"战略"中所共生的问题。之所以把二者结合起来论述，在某种意义上说，他们是

"一致的",但是也有"差异性"。

扶贫是近些年来一个比较繁重的任务,7000 多万的人口如何实现脱贫致富是党、国家和人民所期待的,而城镇化是 2013 年以后的重点战略(之前也有城镇化),或许,正如我们在上文中所看到的,"城镇化"可以帮助农民实现脱贫,但要防止到了城市以后因为没有技术,身份也未改变,而把不是贫困的人弄成了新的贫困者,这是我们在文中反复强调的。把这一点做好以后,在城镇地区实现资金的引入与地方自己的想办法,在政府有限的引导与全力扶持下,或许就会实现城镇化率的提高与脱贫致富的人口增加之双赢局面。

新型城镇信息化：现状、问题与对策

刘志鹏　刘成晨

一、引言

2014 年 3 月 16 日,中共中央、国务院近日印发了国家新型城镇化规划(2014—2020 年)①,其指出,城镇化与工业化、信息化和农业现代化同步发展,是现代化建设的核心内容。信息化是新型城镇化的重要组成部分和重要指标之一,是智慧城镇的基础②。所以,国家新型城镇化规划在智慧城市建设方向上,提出了信息网络宽带化、规划管理信息化、基础设施智能化、公共服务便捷化、产业发展现代化和社会治理精细化等六个方面。这六个指标中,第一个与信息化硬件相关,其他均为基于硬件开发的网络应用服务指标。第二、三个指标是对信息化建设的整体要求,即信息化和智能化。其余三个指标则指出了信息化服务的应用方向。可以看出,网络应用是信息化建

---

① 新华社. 国家新型城镇化规划(2014—2020 年). (2014 - 3 - 16)[2017 - 3 - 29]. http://www. gov. cn/zhengce/2014-03/16/content_2640075. htm.

② 下文中,为了行文的简洁性,在不引起歧义的情况下,将"新型城镇信息化"简称为"信息化"。

设的重点。

本文针对新型城镇的信息化建设若干问题开展讨论，其中重点讨论信息网络应用建设。同时，全文共分为三个部分来论述：首先，介绍信息化建设的现状；其次，讨论信息化建设中存在的主要问题；再次，讨论建设新型城镇信息化的对策。

二、新型城镇信息化的建设现状

当前，全国各地都在建设新型城镇信息化项目。这可以从如下两个方面验证：（1）据中国安防展览网报道，2015 年 10 月 24—25 日，《经济》杂志社主办的全球智慧城市（北京）高峰论坛发布了全国 2800 个智慧城市项目。（2）百度手机助手中搜索智慧城镇项目，有 200 个以上已经上线的智慧城市 APP 可供下载。[①]

然而，一般网络信息化项目建设包含三个重要方面：网络应用、传输渠道和网络用户。在新型城镇信息化建设中，网络应用由智慧城镇信息化项目提供；传输渠道主要由通信网络运营商提供；网络用户则主要由广大的农民构成。如果信息化项目建设成功，则说明网络应用服务内容充足，传输渠道通畅，用户能够非常方便地查询、利用网络服务，三者缺一不可。目前看来，在这三方面均已经取得了一定的成绩[②]：

（1）从网络应用的建设来看，早在 2012 年，就有学者明确指出

---

① 见《全球智慧城市高峰论坛在京召开》，转引自 http://finance.eastmoney.com/news/1350,20151027559892856.html,2015 - 10 - 27,上网时间：2017 - 4 - 2。

② Butler C. The Strategic Web Designer: How to Confidently Navigate the Web Design Process . 2012:23 - 25。

智慧城镇是未来的发展方向①，并提出智慧地推进我国新型城镇化工作②。2012 年 4 月 25 日，广东省顺德市乐从镇宣布打造首个国家级智慧城镇试点示范区③。自此以后，全国各地均大力推进智慧城镇建设。其中典型的有：浏阳市柏加镇建设了浏阳河智慧低碳产城融合示范区④、江苏苏北地区⑤、扬州⑥、陕西富平⑦和浙江乌镇⑧等。信息化应用日益丰富：一卡通、电子政务云平台⑨等智慧生活方式，已经开始逐步部署和展开。

（2）从网络的硬件部署来看，信息通讯是信息化的基础设施。据中国移动报道，4G 普及和 5G 部署齐头并进⑩。截至 2015 年底，我国实现了 100％的行政村通电话，100％的乡镇通宽带⑪。2016 年 1 月，在全国广大农村区域共建设基站 105.2 万个，占全网基站总数的 39％。2G 基站的行政村覆盖率达到 99％；4G 基站的行政村覆盖率达到 65％。2016 年 6 月农村互联网普及率为 31.7％，总体保持稳

---

① 仇保兴. "智慧城镇"是方向. 中国经济周刊，2012(19)：20—21。
② 仇保兴. 智慧地推进我国新型城镇化. 中国建设教育，2013(5)：1—12。
③ 姜红德. "智慧城镇"应用落地. 中国信息化，2012(15)：20—21。
④ 宋明印，雷欧阳. 智慧低碳型发展区规划研究初探——以浏阳河智慧低碳产城融合示范区为例. 中外建筑，2016(8)：80—82。
⑤ 彭海静等. 基于"互联网＋"的苏北农村地区新型城镇化建设研究. 中国管理信息化2016(1)：164—166。
⑥ 计宁扬. 借力"互联网＋"助推扬州新型城镇化建设. 经贸实践，2016(16)：65—67。
⑦ 张超. 智慧城镇建设框架及路径研究——以陕西富平为例. 山西农业大学学报(社会科学版)，2016(4)：268—273。
⑧ 欧阳鹏等. 乌镇 3.0：面向互联网时代的智慧小城镇规划思路探讨. 规划师，2016(4)：37—42。
⑨ 王晓薇、骆晓飞. 青海省电子政务云平台上线. (2017 - 3 - 2)[2017 - 3 - 29]，http://www. cssn. cn/ddzg/ddzg_ldjs/df/201703/t20170302_3438527. shtml。
⑩ 新华网. 中移动农村通信投入巨大. (2016 - 4 - 27)[2017 - 3 - 29]，http://www. 10086. cn/aboutus/news/fd/201604/t20160428_61197. html。
⑪ 易芝玲. 中国移动 4G 普及和 5G 部署齐头并进. (2016 - 6 - 1)[2017 - 3 - 29]，http://www. mscbsc. com/viewnews-2243071. html。

定①；硬件技术的迅猛发展客观上为信息化建设创造了良好的条件，打下了良好的基础。这是国家政府高瞻远瞩及有关部门持续不断地努力的结果。

（3）从网络用户来看，截至 2016 年 6 月，我国网民中农村网民占比 26.9％，规模为 1.91 亿。据工信部公布的《2016 年通信运营业统计公报》统计，移动电话用户总数达 13.2 亿户，移动电话用户普及率达 96.2 部/百人②。2015 年，秦风鸣等人指出，农民难以通过自学获得手机上网的能力，需要有针对性地开展手机应用技能和信息化能力培训③。同年，农业部印发通知，计划用 3 年左右时间，通过对农民开展手机应用技能和信息化能力培训④。农业部⑤和农广在线各自建设了全国农民手机应用技能培训网站⑥。撰写了手机应用技能培训教材，在网站上建设了培训课程，并报道了砚山、察右中旗、云霄县和黔西南州等地区农民手机应用技能培训信息。

综上所述，政府和各界人士对信息化在新型城镇化建设中的重要性有清醒认识，从网络应用建设、硬件部署和网络用户等三方面同时入手，抓住要害问题，开展了一系列有针对性的措施，取得了阶段性的成果。

---

① 我国宽带行业 2016 年现状：农村地区宽带提速积极推进. (2016 - 10 - 21)[2017 - 3 - 28], http://www. chinabgao. com/freereport/74200. html。

② 截至 2016 年 6 月农村互联网普及率为 31. 7％. (2017 - 1 - 24)[2017 - 3 - 29], http:// www. chyxx. com/industry/201701/490533. html。

③ 2016 年通信运营业统计公报. (2017 - 1 - 22)[2017 - 3 - 29], http://www. miit. gov. cn/n1146290/n1146402/n1146455/c5471508/content. html。

④ 秦风明、李宏斌. 农民期盼开展手机应用技能和信息化能力培训. 农村工作通讯, 2015 (23)：6。

⑤ 谷雨. 农业部组织开展农民手机应用技能培训. 致富天地, 2015(12)：21—21。

⑥ 农民手机应用技能培训网. (2017 - 1 - 22)[2017 - 3 - 29], http://www. moa. gov. cn/ ztzl/nmsjyyjnpxzl/。

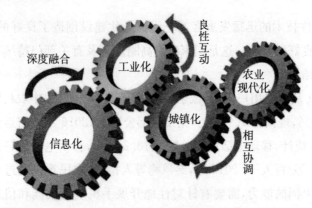

良性互动

深度融合

工业化

农业现代化

城镇化

信息化

相互协调

(图片来自网络)

三、新型城镇信息化建设中存在的问题

"数字鸿沟"指的是拥有以及没有信息化工具之间存在的鸿沟①。其在中国的城乡之间客观存在,反映了当代信息技术领域中客观存在的群体差距。据调查研究表明,近年来城乡数字鸿沟不但没有缩小,反而不断扩大②。不难发现,这个结论和第二部分中的现状描述是相互矛盾的。在一定程度上,这是由于使用网络的农村用户不断涌入城市、参与城市建设或定居城市的原因所导致的,使得长期居住在农村且使用网络的用户数量受到了一定的影响。但调查结果明确指出,数字鸿沟不断扩大的一个重要原因是:缺乏适应农村的生活、学习、生产、商业的应用程序。由此可见,对于影响信息化建设的网络应用、硬件部署及网络用户三方面而言,仍然存在一些尚未发现和亟须解决的问题。

本文采用网络个案研究方法,调查新型城镇信息化项目,对其开

① Calderaro A. Internet Politics Beyond the Digital Divide. Social Media in Politics. 2014:3 - 17。

② 中国城乡"数字鸿沟"扩大 应用不足成软肋. 人民日报,2015 - 2 - 6,C1 版。

展评估工作。具体研究步骤如下：通过互联网百度搜索引擎，搜索建设智慧城镇的新闻报道，由于互联网搜索引擎算法将最相关的结果排在前面，因此笔者仅在搜索引擎结果的前 10 页结果页面中查找，以此作为智慧城镇的典型案例；其次，通过网络在典型案例的城镇官方主页查找相关新闻报道，得知信息化建设的具体内容。并查找能够通过网络访问的信息化建设成果。这些成果通常表现为三种：(1)官方主页上的超链接；(2)独立建设、拥有独立域名的网站；(3)微信公众号。本文一共收集了 42 个智慧城镇信息化项目案例。这些项目具备如下三个特点：(1)是网上新闻报道的典型项目；(2)在搜索引擎中位置靠前；(3)能够经由互联网接口自由访问。[1] 通过对这些经典案例的调查，从网络应用、硬件部署及网络用户三方面分析新型城镇化建设中存在的问题。

同时，信息化项目是否达标已经有各种评估标准。例如，国家工信部、住建部提出了智慧城市建设评估指标体系，智慧城市信息服务经济发展是其中一个重要的感知维度；中国工程院、中国智慧工程研究会等单位也提出了相关的中国智慧城市发展评价体系。然而，关于 web 软件设计[2]和移动软件设计[3]的诸多著作均强调一点：以用

---

[1] 这里需要对下文的讨论结果做三点说明：第一，文中对网络应用不足之处的分析，完全基于笔者个人对该特定网络应用的使用感受，笔者在使用和分析过程中尽量保持中立态度，但仍不可避免地带有一定的主观色彩。第二，由于针对网络应用的分析具有一定的主观色彩，在讨论过程中涉及的案例做了匿名化处理。但笔者保证文中讨论的案例均是真实存在、可信的。第三，对于硬件部署和网络用户这两方面，由于涉及到国家政策和运营商的商业利益，且国家政府和运营商已经制定了相关政策，并开展具体行动，加上笔者这部分的认识非常有限，故文中仅做简单分析。

[2] Beaird J. The Principles of Beautiful Web Design 2nd：Sitepoint；2010。

[3] Hoober S，Berkman E：Designing Mobile Interfaces：O'Reilly；2012。And Colborne G：Simple and Usable Web，Mobile，and Interaction Design：New Riders Publishing；2010. And Ginsburg S：Designing the iPhone user experience：a user-centered approach to sketching and prototyping iPhone apps：Addison-Wesley；2011。

户体验为中心。这要求信息化项目要从用户的角度出发分析问题，而非单纯满足评估指标体系要求。笔者针对典型的新型城镇化项目开展评估时，强调用户对信息化项目内容的评价和使用过程中的主观感受，并以此作为衡量软件项目是否成功的重要标志。

（一）网络应用方面存在的问题

首先，各个信息化建设项目之间出现了不同程度的信息孤岛现象[1]。这主要表现在以下四个方面[2]：（1）信息化项目难以访问，部分项目用户量较少。其主要表现在以下三个方面：（a）项目网络入口隐蔽；（b）内容展示方式隐蔽；（c）未能持续宣传项目。具体而言：

（a）对网络入口而言，作为重点推广的信息化项目，在当地城镇官方主页中，应该放在网络首页位置予以推广。然而，笔者试用的项目中，信息化项目网络入口方式种类繁多。依据入口方式不同，将项目归纳在表1中。由于微信拥有庞大的用户群，很多群众已经掌握扫描二维码技能，因此笔者认为第4类方式更容易为群众所接受。某些信息化项目既有网页入口、也有微信公众号，笔者将其计算在微信公众号一类中。从表1（如下表）可以看出，1—3及第5类网络入口较为隐蔽。

表1　信息化项目网络入口展示方式

编号	项目网络入口展示方式	数量（单位：个）
1	城镇官方主页最下方	8
2	城镇官方主页右下方或中部	12

① 吴胜武. 建设智慧城市必须消除"信息孤岛". 居业，2014(1)：46—46。
② 叶健等. 智慧城市受困"信息孤岛". 创新时代，2015(9)：29—31。

续　表

编号	项目网络入口展示方式	数量（单位：个）
3	采用了独立网站发布，该网站拥有独立域名。城镇官方主页仅有新闻报道，没有给出项目的超链接地址，也没有给出网址。需要通过搜索引擎自行查找	5
4	在城镇官方主页新闻报道中提供了公众号的二维码，供用户扫码关注	7
5	独立手机 APP，城镇官方主页新闻报道中并未提供下载方法，需要使用应用市场下载；部分项目并未在某些安卓系统主流应用市场上架	10
总计		42

（b）信息化项目内容展示方式过于隐蔽。举例而言，某个官方主页使用网页动态显示技术展示项目内容，当用户鼠标的指针不在"智慧城镇"图标上时，智慧城镇项目内容处于隐藏状态；只有当用户鼠标移动到"智慧城镇"图标上时，才显示具体内容。这增加了用户的使用难度，如果用户鼠标操作不熟练，或对于动态网页设计技术不了解，难以找到页面上的"隐藏信息"。

（c）信息化项目没有持续的宣传。举例而言，某镇的信息化项目虽然在官方主页有直接的超链接，在官方主页上也有介绍，然而智慧项目用一个网页选项卡页面显示，且整体位置在主页的左下方，并未放在显眼的位置。城镇官方主页上针对该信息化项目的新闻报道普遍陈旧，没有持续的跟踪报道：最近一篇的发表时间是 2016 年 3 月 29 日，另一篇报道的发表时间是 2016 年 2 月 26 日。自此以后，官方主页上再无针对智慧城镇信息化项目的介绍。

（2）信息化项目仅是各部门独立信息系统的入口聚合，而非各部门信息的交叉融合。访问这些部门的信息存在如下问题：（a）当用户点击这些超链接时，网站跳转到对应超链接所示部门的官方主页上,两个网页之间的域名不同,部分网站访问时多次发生超时错误;(b)打开每个部门的网页后,需要重复输入用户名和密码信息,而非统一使用一个账号同时访问多个部门系统。因此可以推断,具体功能对应的网站与智慧城镇信息化项目入口很有可能不在同一个服务器上。这就会导致:(a)该项目大多为各个部门官方网站功能的拼凑整合,其用类似于 hao123. com 等网站导航页面的功能,毫无"智慧"可言;(b)项目内各个信息系统功能不关联、信息无法共享;(c)用户使用信息化项目时,仍然需要多个用户账号才能访问系统,带来不便性。项目最终导致各部门的信息系统:(a)硬件设施重复建设;(b)软件标准不统一;(c)数据信息格式不一致;(d)数据的物理分布过于分散,数据融合困难。

(3) 多个智慧城镇项目之间也形成了"信息孤岛"。当今,市场经济蓬勃发展,及时获取周边信息,对农民而言,往往能够起到节省成本、合理发展等作用。然而,当前的信息化项目只重视报道本地信息,而对周边信息报道甚少。举例而言,某个城市所属的多个镇均建设了各自的信息化项目。均冠以"智慧某某"的名称,并建立了各自独立的手机 APP。然而,这些隶属于同一个市的城镇信息化项目之间没有实现信息沟通,也没有关于自己周边城镇的种植养殖、便民惠民等信息报道,无法形成信息群体效应。比如,智慧甲镇发布的特色养殖信息和报道,周边乙镇通过"智慧"APP 阅读报道,通过了解甲镇当前的生产规模,至少可以做出如下判断:(a)如果今年市场需求旺盛,甲镇的生产规模不足,在气候条件、地理位置条件、经济条件类似的情况下,乙镇可以适当投入部分资源,与甲镇联合开展特色养殖工作;(b)如果市场需求平稳,则乙镇可以依托甲镇的特色产业,开辟加工业或互联网销售业,将农产品就地转换为商品。这样形成差异化发展,避免"一窝蜂"投入某项生产建设,造成人力、物力和财力的浪费。综上所述，当前的信息化系统与《国家新型城镇化规划》中"公共服务便捷化"提及的"建立跨部门跨地区业务协同、共建共享的公共服务信息服务体系"具体要求的相比，仍然存在较大差距。

其次，网络信息单向流动，未达到与群众互相沟通信息的目的。这类网络信息化系统类似于传统网站的信息发布功能，群众仅能阅读信息，并不能针对发布的信息发表评论或反馈意见。这样做虽然带来了管理的便利性，但是也无法及时获得网络用户对新政策的看法。例如，国内某城市新区开发了微信公众号，其微信矩阵功能集中了该新区各个部门，如健康、教育、惠民计生、公安、安监、旅游、人才、社工、消防和文化中心等。然而，其中每一个部门接口的功能非常有限，仅利用微信公众号整合各部门信息发布，既缺乏与各部门之间的直接信息互动，也缺乏与用户的互动。

再次，信息化项目建设水平总体偏低，有待进一步提升。这主要表现为以下 5 个方面：

（1）对信息技术的理解不够深入。其主体由两部分组成：（a）集中展示的社区服务需要多次填写用户信息。正常情况下，用户使用某个平台上的多个服务，仅需要填写一次个人信息即可。用户登录平台后，多次选择使用不同服务时，无须重复输入个人信息。然而，用户使用该微信公众号的教育培训和创业就业两个栏目，需要多次重复填写完全相同的个人信息，这增加了用户使用软件的复杂度。另一个显而易见的问题是，（b）微信在手机开放位置信息读取权限的前提下，可以自动获取用户当前位置信息。当用户在填写表格时，可以让用户选择提交微信自动定位的当前位置信息，而非用户手工填写，从而减轻用户填表工作量。（2）信息化项目建设内容雷同。绝大多数笔者试用的项目均包含智慧养老、智慧医疗、居家清洗、室装维修、天气预报及婚庆服务等内容。群众无法查询与生活密切相关的信息,如当日蔬菜价格等。(3)内容无法体现百姓的需求和真正关心的内容。如某些网站的"智慧养老界面",虽然提出了很多问题,但并没有提供如下几个网络用户关心的关键信息:(a)与普通的养老方案相比,智慧养老到底体现在哪些方面?(b)本地区智慧养老有几种可供选择的方案?(c)每一种方案的详细信息,如价格,位置等;(d)提交表单是否意味着确认智慧养老方案?在进一步了解后,有无办法更改或取消智慧养老申请?由于缺乏这些关键信息,会导致很多用户无法了解智慧养老的具体内容而不愿意填写表单。当然,智慧养老功能同样存在对信息技术理解不够深入的问题。例如,当用户填写个人信息并发起智慧养老的申请后,软件后台应该与公安部门软件系统互动,自动查询该用户的家庭情况,并将相关信息直接显示在界面上,以供用户选择,而并非用户手工填写。如果是老人自己填写申请表单,填写大量文字信息将会增加实际负担。(4)未详细说明发布内容的性质。以某网站的"智汇超市界面"为例,其内容与京东微信购物号类似,在微信公众号中销售各种商品。这固然能够在一定程度上方便本地用户购买商品,但并未明确说明该智汇超市是否是盈利性机构;如果是盈利性机构,其营业利润的归属和使用问题,也需要说明。(5)说明和内容不符。以某"智慧信息化项目网站"为例,主页标注社区大数据功能,然而其实际内容却是天气预报、地图、驾车和公交等。这些功能手机地图软件已经实现得非常完善,而群众关心的社区基础设施建设、财政收入、政务信息等,并没有在社区大数据中展示。

第四,信息化项目疏于维护。这表现在两个方面:内容维护和技术维护①。(a)对某些独立架设的网站,使用不同连接设备、不同浏

---

① 内容维护已经在前文第3点中分析过了,这里仅强调技术维护方面,其中存在哪些不足之处。

览器、在多个时间点、多个运营商网络环境下访问,使用表 2 所示的测试方法,均出现响应缓慢、无法访问等问题。这可能有多个原因造成,例如：服务器硬件配置偏低;服务器软件安装设置不当;网站使用了不当的网页制作技术(页面图片庞大、代码冗余、特效过多)。

表 2　网站测试方法介绍

硬件设备	运行 Windows 7 的笔记本电脑,华为智能手机
浏览器	电脑使用：IE 8、360、Google Chrome、Firefox 移动终端使用：QQ、UC、Google Chrome、 手机自带浏览器
测试时间点	每天：早上 6 点、上午 11 点、下午 3 点、晚上 10 点; 每周：周一、周三、周五、周六;测试周期：1 周
运营商网络环境	有线：移动、移动铁通、电信宽带 无线：移动 4G、联通 4G
测试时网络是否通畅	均能顺利访问国内主流网站：如新浪、163、youku 等

(b)就部分在安卓应用市场和 App Store 中上架的手机 APP 而言,有如下几个现象：部分安卓应用市场和 App Store 无法查到软件,可能已被下架或根本未曾上架;软件版本老旧,这表现在：安卓应用市场和 App Store 的软件版本较低,或上架时间很早,其后未曾更新;手机 APP 在低版本安卓平台上开发,在较新的安卓 7.0 平台上无法正常运行。

众所周知,信息化建设的本意是方便社区群众生活,政府、管理部门和群众之间的信息沟通更顺畅,能更及时发现、解决群众的日常生活问题。综上所述,其中分析的各种现象造成了：(1)部分社区群众不知道智慧信息化项目的存在,即使知道,也很难在网站上找到智慧信息化项目网络入口;(2)一部分群众,虽然了解和使用智慧信息化项目,但由于软件内容和版本长时间没有更新,而不再继续使用;

(3)信息化项目建设和后期维护都需要一定成本,如果不能妥善利用,必然造成资金浪费。

第五,信息安全问题。这个问题内容十分庞大,涉及到技术和管理等多个层面。这里仅列举几点可能发生的情况,以说明其严重性:(1)个人敏感信息泄露。每个智慧信息化项目,都有一部分群众去使用。在使用的过程中,需要填写个人敏感信息。例如,智慧信息化项目会涉及一些个人的敏感信息,如临时身份证、市民卡及电费信息等,然而该信息化项目自 2015 年 3 月份后再未发布信息,可见该项目疏于维护。这有可能造成:(a)不法分子可能利用软件漏洞,窃取用户信息;(b)不法分子甚至有可能利用服务器资源发布虚假信息,迷惑群众;(c)不法分子可以利用信息化服务器软、硬件资源,向其他网站发起攻击。从而可能导致:群众生命和财产安全受到不同程度的威胁,甚至给地方治安造成严重破坏。(2)没有防范恶意填写信息的措施。例如,在某些微信公众号中,用户存在如下两种恶意填写信息的可能:(a)故意填写不准确的信息;(b)利用自动化工具批量填写多条无效信息。这会大幅度增加工作人员排查时间。通过实名认证和验证码机制可以完全防范这两个问题,且这两项技术已经十分成熟,并得以普遍应用。

(一) 网络硬件部署和网络用户方面存在的问题

首先,从网络硬件部署上看,当前通信资费偏贵、网络服务较差的实际问题客观存在。在百度搜索引擎中输入"农村手机信号差"和"农村宽带费用高",在搜索结果中选择"一年内",能够查阅到近一年来大量农村网络宽带和无线通信用户的反馈信息。究其原因主要有:(1)无论是宽带,还是无线通信基站,初期建设费用昂贵;(2)农村地广人稀,农村互联网普及率和接入率相对较低,基站信号覆盖面积有限,后期通讯设备维护成本相对较高。上述原因导致农村市场投资收益相对较低,形成恶性循环。

其次,农村用户的网络使用水平虽有进步,但总体水平不高。虽然开展手机应用技能和信息化能力培训,编写了相应教材,但仍存在如下一些问题:(1)培训受众较少:培训尚未在全国全面展开;(2)年龄因素:部分农村中老年手机用户文化水平较低,不了解基本计算机网络知识,学习手机上网存在一定难度;部分年龄偏小的农村青少年,他们的家长有耽误学习等多方面的顾虑,不愿意让他们过早接触网络;(3)设备复杂性因素:市场上手机品牌种类繁多,不同品牌、不同型号的安卓手机设备,其使用方式不完全相同;(4)个人兴趣因素:部分群众认为不需要使用互联网,对使用互联网不感兴趣。当然,资费因素和安全因素也在一定程度上影响农民使用网络的积极性。

上述问题直接或间接地导致了智慧城镇项目用户使用率低下。前文中提到,农村用户使用手机比例已经达到96%以上,因此笔者使用表1中的第5类信息化项目估计用户使用率。手机APP在软件市场的下载量在一定程度上反映了该软件的用户量。如果软件市场某个手机APP下载次数越多,则可以在一定程度上推断,该手机APP的用户关注度和使用度相对较高。

同时,笔者使用安卓系统应用分发市场的百度手机助手作为下载量统计工具,在其主页搜索试用的10个信息化项目手机APP名称,得到手机APP下载量。之所以使用百度手机助手的下载量,是因为根据易观发布的《2016应用分发市场年度报告》指出,百度手机助手2015年在安卓应用分发市场中占31.5%[①]。2016年H1中国

---

① 易观发布《2016应用分发市场年度报告》.(2016 - 8 - 30)[2017 - 3 - 29],http://news.163.com/16/0830/14/BVNLVSI500014AEF.html。

安卓系统市场占有率达到 67.8%,苹果占 27.2%[1]。

现在做三个假定:

(a) 假定 2016 年百度手机助手在应用分发市场中的占比不变;

(b) 假定使用所有安卓应用分发市场下载信息化项目 APP 的概率相同;

(c) 假定使用安卓手机和其他机型的手机用户下载信息化项目 APP 的概率相同;

因此,可以得到估算 APP 总下载量的计算公式(参看公式(1)和公式(2)),*round* 函数的作用是四舍五入。需要说明的是:(a)安卓应用宝应用分发市场,占有手机应用分发市场比例较高,但并没有收录笔者讨论的很多信息化 APP;(b)很多信息化 APP 并未在 iOS 的 App Store 上线。这两个因素都导致使用公式(1)和(2)估计的 APP 下载总量值偏高。但是为了计算方便,忽略这两个因素。

$$安卓手机 APP 下载量 = \frac{百度手机助手 APP 下载量}{31.5\%} \quad (1)$$

$$APP 总下载量 = round \left(\frac{安卓手机 APP 下载量}{67.8\%} \right) \quad (2)$$

可以用 APP 总下载量占当地人口的比率估算该项目的使用率。相关数据及计算结果如表 3 所示,手机 APP 名称以编号显示。当地人口均来自于官方网站统计的 2015 年末当地常住人口数量。从表 3 中可以看出,项目的使用率非常低,APP 在占当地人口的比例在 0.026%—5.468%之间,其中 9 个项目的使用率不到 1%。

---

[1] 中商智业. 2016 上半年智能手机市场分析报告. (2016 - 8 - 5)[2017 - 3 - 28],http://mt. sohu. com/20160805/n462825129. shtml。

表 3 典型信息化项目下载量

手机 APP 编号	百度手机助手 APP 下载量	APP 总下载量	当地人口（单位：万人）	APP 下载量占当地人口的比率（%）
1	58	272	103.96	0.026
2	172	805	112.32	0.072
3	245	1147	79.60	0.144
4	1744	8166	164.63	0.496
5	139	651	125	0.052
6	507	2374	170.14	0.14
7	7779	36424	66.61	5.468
8	8542	39996	811.21	0.493
9	421	1971	61.6	0.32
10	968	4532	114.6	0.395

所以,目前我们所面临的"新型城镇信息化"建设中还有很多硬件与软件方面的问题需要我们去及时解决,而不解决好这些问题,势必会影响城镇化的质量。并且,国家也越来越开始注重在"城镇化质量"上加以考虑。如"中国正在非常快速地进入城市化的年代,如何在中国的城市化进程中,实现有质量的城镇化发展,这是我们要直面的一个问题。其会成为中国相当一段时期从中央到地方关注的热点问题。"[①]而信息化建设是提高质量的关键。

---

① 见尹稚.健康城镇化:从数量增长到质量提升——城镇化战略重点的调整城市规划,2013(3):74。

二、针对新型城镇信息化的建设意见

(一) 网络应用方面的建议

首先,量力而行,统筹规划。信息化项目建设初期,要设置统一管理部门。在项目启动前要充分论证、谨慎决策。某些地区并不具备建设智慧城镇的客观条件,却盲目跟风,开发信息化项目;避免县、镇、乡信息化项目的重复建设,造成资源浪费。项目内容存在千城一面的现象,功能雷同,没有突出地方特色;很多项目模仿抄袭、采用拿来主义,或者将 IT 企业已经非常成熟的软件功能(如地图、公交等)作为智慧城镇项目开发,既缺乏创新性,也是重复建设。上述种种问题均需要组织高水平的政府部门技术人员,预先规划项目的功能和内容,提出专业化的需求。在系统设计阶段,需要做到:(1)考虑当前农民宽带用户比例相对较低,大多使用智能手机上网的现实,在人力、财力、物力资源有限的情况下,优先移动端 APP 的开发;(2)当前有相当一部分农民文化水平不高,需要降低手机 APP 的使用难度,比如采用语音输入和多媒体交互等。在项目建设过程中充分利用科研界的先进成果,注重产学研结合。举例而言,在城市计算方向,已经有非常先进、实用的科研成果问世[1]。然而,将这些科研成果转化为成熟的软件产品,仍然需要投入一定的研发工作。在软件开发阶段,需要制定统一的建设标准和评估标准,规范各个系统间的通信接口。

---

[1] MSRA 郑宇教授个人主页. [2017 - 3 - 29], https://www.microsoft.com/en-us/research/people/yuzheng/.

其次,聘用专业技术团队部署硬件、开发和维护软件。专业技术团队要能够及时提供快速排除系统问题、提供技术指导。对系统的硬件和软件开展定期升级工作。当前,信息化项目普遍使用项目外包、从头做起的方法。除此以外,笔者认为使用华为、腾讯等国内大型 IT 企业提供的成熟政务云解决方案会更好一些。

再次,政府部门应该从项目的建设者转变为项目内容的采集者和发布者,加强信息的及时筛选、更新,与群众开展网络互动。在信息的筛选上:(1)保证信息的政治正确性。要弘扬社会主义文化主旋律,加强社会主义核心价值体系建设;(2)发布为群众所需的信息。需要政府有关部门不断深入基层,调查群众真正关心、迫切需要了解的内容,完善项目内容建设。例如,许多农民有进一步学习的需求,而让农民脱离生产学习,或者在其周边举办培训班,学习成本和组织成本都很高,且受众终究有限。可以利用现有的信息化项目平台,采用远程教育的方式,为农民免费提供专家讲座视频解决该问题。另外,无论是决定生产哪种农作物,还是农作物疾病预防,到最后的销售环节,都需要信息化协助。这些应用才是信息化项目的根本意义所在。(3)要针对信息更新制定相应的规章制度,指定专门工作人员负责定期更新内容;制定长期制度保障,保证能够及时更新相关信息。(4)加强信息化平台双向交流的功能。信息化项目的作用不仅是简单地将信息传递给群众,而是需要利用该平台加强与群众互动,鼓励群众在项目平台上反馈问题。对这些问题要指派专门人员予以及时解决,并将处理结果第一时间反馈给群众。

第四,与群众广泛使用的手机 APP 合作,开展信息化项目入口的推广。当前,部分手机 APP 有庞大的用户群基础,属于智能手机的高频应用,多数智能手机用户均能熟练使用。以微信和支付宝为例,微信公众号、小程序以及支付宝的城市服务等接口提供了功能丰富、类型多样的接入方式。与开发和推广独立的信息化手机 APP 相比,上述推广方式投入的软、硬件开发和维护成本更小、方案更灵活、更具竞争力。

(二) 网络硬件部署和网络用户方面的建议

首先,降低农村通信资费。可以采取的措施包括:(1)加快新城镇化建设,提升群众的居住密度,客观上降低通信设备建设和维护成本,间接达到降低通信资费的目的。(2)相对于农村宽带用户而言,农民使用智能手机终端上网比例较高,应优先发展无线通信,加大通信基站投入力度,提升无线通信的质量,呼吁运营商制定合理的通信资费,鼓励农民使用智能手机上网,通过增加网络用户提高通信设备的使用率。(3)国务院在 2013 年 8 月 1 日发布了"国务院关于印发'宽带中国'战略及实施方案的通知",其中提到,在 2020 年,行政村通宽带比例超过 98%。城市和农村家庭宽带接入能力分别达到 50Mbps 和 12Mbps。应该在当前大力推进"宽带中国战略",因地制宜执行宽带普遍服务补偿机制。(4)农村地区因地制宜,灵活采取有线、无线等技术方式进行接入网建设。

其次,进一步针对农民开展手机应用技能和信息化能力培训,培养农民利用互联网获取和利用信息的能力。当前,很多地方出现了农村电商,农民自发学习和使用互联网销售农产品、购买生活物资,这值得大力宣传和推广。2017 年 3 月份,农业部推出了"全国农民手机技能培训"小程序①,借助微信平台,具有发布信息、交流学习、点播视频等功能。该小程序的使用和推广情况值得进一步跟踪和研究。

---

① 专为农民打造的小程序来了:功能强大. (2017 - 3 - 6)[2017 - 3 - 29], http://digi. 163. com/17/0316/09/CFL0FHUL001687H3. html。

四、余论

　　新型城镇信息化是国家新型城镇化规划的一个重要组成部分，各级政府和有关部门高度重视。信息化建设取得了瞩目的成果。然而，网络应用建设作为信息化的重中之重，存在一些严重的问题。解决这些问题既需要高度的热情，也需要科学的方法。笔者有理由相信，在中国经济、教育事业不断发展的大好形势下，未来新型城镇信息化建设能够取得丰硕的成果，让人民群众能够乘坐信息高速公路的快车，利用提升生产力、不断提升文化知识水平，城镇居民最终实现物质文明和精神文明建设双丰收。

　　　　　　（原载《西南石油大学学报》(社科版)，2017 年第 5 期）

新型城镇化与网络社区的构建

刘志鹏　刘成晨

一、引言

城镇化人口生活的主要方式是社区。所谓社区,是指居民为了某些共同需求自发或有组织地形成的群体。在新型城镇化建设的过程中,社区建设是重要的一环[①]。2014 年 3 月份发布的"国家新型城镇化规划(2014—2020 年)"[②]和 2015 年 5 月底发布的"关于深入推进农村社区建设试点工作的指导意见"[③]中,均强调了"农村社区是农村社会服务管理的基本单元"。关于新型城镇化的社区建设,文件从农村社区治理机制、法制、公共服务供给、文化认同和人居环境建设等方面提出了详细要求。

目前,国内已经有大量关于新型城镇化社区建设的文章。其中

[①] 新型城镇化必须加强社区建设 http://opinion. hexun. com/2013-06-03/154767551. html。

[②] 国家新型城镇化规划(2014—2020 年)http://www. gov. cn/zhengce/2014-03/16/content_2640075. htm。

[③] 关于深入推进农村社区建设试点工作的指导意见 http://news. xinhuanet. com/politics/2015-05/31/c_1115463822. htm。

（图片来自网络）

包括：（1）农村社区党建[1][2]、农村城镇化进程中的政治稳定[3]、新型城镇化背景下农村社区干部队伍建设等问题[4]；（2）管理体制、建设经费、居民自治以及社会保障等问题[5][6][7][8][9]、农村和谐社区建设等问题[10]；（3）文化社区及文化城市建设[11]、农村社区教育模式[12][13][14]、城镇

---

① 甘信奎. 新型城镇化进程中农村社区党建的科学定位——以成都和深圳基层党组织建设为视角. 湖北社会科学，2014(02)：42—45。

② 曹扬，张翠莉，白芳. 关于农村基层党组织建设存在的问题分析与对策研究——基于太原在推进城镇化和农业现代化进程中的实践与思考. 中共山西省直机关党校学报，2014(06)：59—62。

③ 秦建建. 中国农村城镇化进程中的政治稳定问题研究. 湖北工业大学，2010。

④ 崔玲爱. 新型城镇化背景下农村社区干部队伍建设问题研究. 云南财经大学，2015。

⑤ 王岩. 城镇化进程中新型农村社区建设的问题及对策研究. 吉林农业大学，2014。

⑥ 陈泉材. 城镇化进程中农村社区建设研究. 西南政法大学，2014.

⑦ 王正男. 新乡市新型城镇化进程中新型农村社区建设问题研究. 山西师范大学，2013。

⑧ 罗春慧. 中国农村城镇化进程中农村社区建设问题研究. 吉林大学，2011.

⑨ 庄金岭. 中国农村社区建设问题研究. 曲阜师范大学，2014。

⑩ 许金鸾，甄晓焕，许文兴. 城镇化进程中农村和谐社区建设探讨——以晋江市东石镇井林村为例. 台湾农业探索，2013(03)：42—46。

⑪ 马如兰，孟杰，李波，庞国锦. 文化社区及文化城市建设与新型城镇化. 甘肃科技，2010(22)：4—6。

⑫ 董浩峰. 农村城镇化建设进程中社区教育模式研究——以海宁马桥街道为例. 安徽农学通报，2014(17)：6—8，11。

⑬ 张利纳. 新型城镇化背景下农村社区教育课程建设研究. 山西大学，2015。

⑭ 陈令. 泸州市农村小城镇化进程中少年儿童社区教育问题研究. 西南大学，2010。

化进程中农村社区的公共文化服务体系[①]等问题；(4)生态环境保护与污染治理[②③]、耕地保护[④]等问题。(5)信息不对称[⑤]问题等。所有这些相关研究反映了一个重要问题：无论是农民还是农村基层干部，大多适应了传统的工作环境、工作方法和工作流程，面临农村社区建设中出现的新问题、新要求，需要从思想和工作方法上做出重大调整和转变。新型城镇化的社区建设是否成功，归根到底，取决于农民和农村基层干部的思想和行为能否适应新形势下的变化和发展。

伴随着移动互联网的兴起和智能手机的普遍应用，网络社区悄然兴起。网络社区的概念最初由瑞格尔德（Howard Rheingold）提出[⑥]，是指"一群由计算机网络彼此沟通的人们，有一定程度的共同认识、分享信息和知识、相互关怀而形成的团体，在社区中，每个成员具有身份和某些规范的共识"。当前，国内流行的网络社区主要包括QQ群、微信群和讨论组等。国内外关于网络社区的研究也十分普遍，它是一个涉及到社会学、计算机科学与技术和物理学的交叉学科。相关文章大多使用计算机技术解决网络社区中的问题。

当前，城市社区管理者和社区居民建立、使用网络社区已经较为普遍，且使用效果很好：举例而言，笔者参与观察的南京市某社区，2016年打造了全国首家社区电影文化馆，又办了社区报纸，免费发放给社区居民。社区建立了官方QQ群，在居民的要求下，又开通了微信群。线下和线上的多重交流方式既方便了干群沟通，也使得人

---

① 石玢岩. 城镇化进程中农村社区的公共文化服务体系研究. 华中师范大学,2014。

② 武翠翠. 中国农村城镇化进程中生态环境保护与污染治理问题研究. 黑龙江大学,2016。

③ 路日亮,王丹. 试论中国城镇化进程中的生态环境保护. 中共天津市委党校学报,2014,(01)：84—89。

④ 唐红波. 中国农村城镇化进程中的耕地保护问题研究. 武汉大学,2005。

⑤ 陈来芳. 中国农村城镇化进程中的信息不对称问题研究. 贵州大学,2008。

⑥ Howard Rheingold https://en. wikipedia. org/wiki/Howard_Rheingold。

们在快节奏的城市生活中能及时了解周边发生的事情。当前农村网络社区的研究，主要围绕社区信息化对农村社区协同治理的影响①②③④、安全社区建设⑤和养老⑥等具体问题展开。但是这些研究均没有系统回答如下一系列问题：

1. 该地区是否开通了官方网络社区？如果没有开通，具体原因是什么？

2. 是否存在农村社区居民自发地开通非官方的网络社区？这些非官方网络社区大概包含哪些内容？它们的运作是否健康和成功？

3. 上述新型城镇化社区建设中出现的问题，在官方和非官方的网络社区作用下，是否使得这些问题得到了更好、更有效的解决？还是推动事情向更坏方向发展？

4. 新型城镇化网络社区的构建是否具有必要性？如果有必要，新型城镇化网络社区的构建过程中，需要注意哪些问题？

5. 针对新型城镇化网络社区，是否需要进一步规范管理和指导？

带着这些问题，笔者利用个人关系加入了新型城镇化过程中产生的 11 个网络社区，开展了两个月左右的参与观察。笔者采用虚拟

① 霍明,赵伟,张复宏.社区信息化与农村社区协同治理研究——基于社会网络视角.情报杂志,2016(5)：173—179。
② 霍明,张复宏,赵伟.信息化视角下农村社区协同治理的影响因素研究——基于复合系统协同度与截尾回归的分析.当代经济管理,2016(7)：31—38。
③ 张成林.信息化视角下的农村社区建设和治理研究.苏州大学,2012。
④ 李玲玲,李长健.农村社区治理能力现代化进路之思考——基于社区发展权理论的视角.华中农业大学学报(社会科学版),2016(2)：74—81。
⑤ 王鑫.东莞市大岭山镇金桔安全社区建设研究——基于社会网络分析的视角.云南财经大学,2015。
⑥ 王美景.基于社会网络视角的社区养老服务研究.苏州大学,2012。

民族志方法①,初期利用网络,使用"完全潜伏的研究方式",接着寻找关键报道人,对网络社区经历的大事件进行深度访问。

这 11 个网络社区属于两个社区,一个社区在笔者老家,另一个是笔者曾经参与观察过的社区,分别简称为社区一和社区二。这两个社区的基本情况简单介绍如下:

社区一:位于 L 市区南八公里处,其中有两座国家级大兴水库,其开发建设始于 1992 年,目前是一处集森林度假、农业观光、环境保护和湖上娱乐于一体的国家 5A 级度假区。开发过程中逐步征收了当地农民的土地,很大一部分失地农民在风景旅游区从事景区清洁、服务行业工作。其工资发放主要依赖于风景旅游区的门票收入。

社区二:GL 街道位于 N 市 JN 区,距 N 市主城区 22 公里,是 N 市主城区南部旅游、休闲产业重点发展组团及绿色走廊建设带。辖区内总面积 158 平方公里,人口 5.4 万。区位良好、交通便捷、山水和人文资源丰富,因势利导发展旅游休闲度假产业和高档宜居产业。2010 年被命名为 N 市首批重点乡村旅游街镇。

与这些社区相关的网络社区均为 QQ 群和微信群,主要分为如下几类:

1. 官方网络社区群,共 2 个,均为 QQ 群。分别属于社区一和社区二,群主均为该社区的有关领导。

2. 非官方网络社区群,共 9 个,均为微信群。其中包括 2 个业主维权群、2 个摄影群、2 个聚会群、1 个广场舞群、1 个读书群和 1 个牌友群。其中摄影和聚会群的一部分群成员来自社区外,但与待观察社区物理距离并不远。

这些群与社区对应的分布参看表 1。

---

① 卜玉梅. 虚拟民族志:田野、方法与伦理. 社会学研究,2012(6):217—236。

表 1　社区及对应的网络社区

社区	网络社区	个数	简称	人数
社区一	QQ 群	1	Q1 群	372
	业主维权群	1	维 1 群	26
	摄影群	1	影 1 群	164
	聚会群	1	聚 1 群	7
	广场舞群	1	舞群	63
	读书群	1	读群	13
社区二	QQ 群	1	Q2 群	527
	业主维权群	1	维 2 群	31
	摄影群	1	影 2 群	78
	聚会群	1	聚 2 群	12
	牌友群	1	牌群	21

在逐个分析每个群的特点之前,首先说明本文所涉及的群活跃度的计算方法。由于手机 QQ 提供了 QQ 群的活跃度的自动统计,因此比较容易得到结果。然而微信并没有提供群统计的功能。方法之一是使用第三方收费工具开展自动分析,如群绘社群数据平台[①]和微友助手[②]等。网络上也提供了各种导出微信聊天记录的方法:例如:使用同步助手软件将微信聊天记录导出为 Excel 文件的方法;还有一种方法是获得安卓手机的超级用户权限,进而从手机中直接拷贝微信聊天记录,再用特定软件打开聊天记录,最后使用专业统计软件开展相关研究。这些方法都可以获得微信聊天记录进而开展数据分析。

---

① 群绘社群数据平台 http://www.iqunhui.com/。

② 微友助手 http://weiyoubot.com/。

本文使用如下公式对微信群活跃度开展统计：

假定微信群 G 中有 Q 个群成员,该群在给定的时间间隔 T 中产生 M 条聊天记录数量,每个群成员 $P_i(i \in [1..Q])$ 对应的聊天记录为 M_i 条,则有 $\sum_{i=1}^{Q} M_i = M$。因此给出如下定义：

定义 1：群活跃度 G_T 在时间间隔 T 内,群里 Q 个群成员平均聊天条数。即 $G_T = \dfrac{M}{Q}$。G_T 值越高,表明在时间间隔 T 内,群中的群成员平均发言次数多,该群则越活跃。否则,群的活跃度相对较低。注意：使用聊天记录数量 M 代表群的活跃度是不合适的。举例而言,在时间间隔 T 内,一个 500 人的群,聊天记录 100 条;而另一个 20 个人的群,聊天记录为 80 条。单纯从数量上看,前者的聊天记录数量比后者多;然而,使用定义 1 的群活跃度计算公式,前一个群每个用户平均发言 0.2 条,后一个群每个群成员平均发言 4 条。这样看来,后一个群更加活跃。

定义 2：群成员活跃度 P_{Ti} 在时间间隔 T 内,群里的成员 P_i 的聊天记录 M_i 与总聊天记录 M 的比值。即 $P_{Ti} = \dfrac{M_i}{M}$。在时间间隔 T 内,P_{Ti} 的值越大,则该群成员 P_i 的发言占总聊天记录 M 的比值越高,代表此人在群中活跃;否则,则表明该群成员不活跃。由定义可知,P_{Ti} 的值在 0—1 之间。如果 P_{Ti} 的值为 0,表明在时间间隔 T 内,群成员 P_i 没有发言;如果 P_{Ti} 的值为 1,表明在时间间隔 T 内,群内只有成员 P_i 发言。

需要说明的是,很多人使用微信聊天时均直接发送语音消息,在本文的统计过程中,一条语音、表情或动画表情均作为一条独立的聊天记录进行统计。

二、官方网络社区：QQ群的特点分析

两个社区各自的官方网络社区群均使用了QQ群。区中的主要相关领导都在QQ群中，有些是管理员，有些是普通群成员。

问到为什么使用QQ群，Q1群的一个管理员回答道：

"这个群建立的时间早了，大概是在2010年。当年搞这个群，是领导的意思。当时正在搞新的开发，群众意见比较多。利用互联网加强和群众的交流，密切干群关系。后来就一直保留下来。过了几年，微信流行了起来。但是后来的领导也没有想着去再搞个微信群。"

Q2群的管理员有另外的理由：

"开通原因是当时有个项目，需要多方沟通，于是建立了一个QQ群。后来发现这个方式很好，便建立了这个Q2群。我们这个群人数过500了，微信群容纳不了这么多人。QQ群功能比较强大，可以方便查看历史聊天记录，给群众传达的文件会一直保留。主要是QQ群可以使用全员禁言功能，也可以设置特别关注，在有些时候这些功能非常有用。我平时又不是只负责这一项工作，还有其他的事情要做。微信群感觉管理功能薄弱一些，不够方便。"

当问及QQ群的主要功能和当前的活跃度时，Q1群和Q2群的管理人员均回答：目前这两个QQ群均设置了全员禁言的功能。Q1群管理员的回答具有一定的代表性：

"Q1群管理员：我们当前主要使用QQ群发布信息，有些群众有意见，喜欢在群里面讨论。我们不能不解释，群里面消息太多，导致其他群众漏看通知；有时候群众说一些不恰当的话，让我们感到很为难；如果他们讲了，我们再禁言，他说我们不让说话，不听群众反映

问题;群中也有一部分成员是流动人口;有些群众在群里面发布一些未经证实的消息,比如搞活动、中奖信息什么的;如果有其他群众上当受骗,我们也多少要承担一部分责任。"

问及既然管理有些麻烦、也属于工作之外的任务,为什么不申请关闭 QQ 群时,Q2 群管理员的回答是这样的:

"Q2 群管理员:这个群存在好久了,就算是管理麻烦,也不能说关就关。再说,给群众发个通知什么的,也方便。总的来说,一家大概总有一个人在 QQ 群里面。即使不在 QQ 群里面,通知也会通过熟人传达,也方便很多。虽然不能完全代替正式通知,但是多一个渠道,会保证更多人及时了解信息。"

QQ 群的消息发布方式也很有意思。有关部门领导想要在 QQ 群中发布某个通知,虽然他们就在 QQ 群中,但并不亲自发布信息。而是将需要发布的信息用私信的方式发给 QQ 群中的某个"公共秘书",该秘书为 QQ 群管理员之一,再由该公共秘书统一发布信息。在没有全员禁言时,群众在群中反映问题,如果能回答的,由"公共秘书"代为回答;如果超出该"公共秘书"的权限,则"公共秘书"则不回答该问题,接着看分管领导是否会出来解释。如果在一段时间内,分管领导没有在群中解释,则"公共秘书"则会在群中回答:会将问题反映给相关领导。问题是领导如果不想当场回答,则经"公共秘书"反映后也往往没有结果。这也是群众认为 QQ 群反映群众意见效果不佳的主要原因之一。

有趣的是,随着领导职务的变迁,QQ 群中的管理层也在悄然发生相应的变化。

"Q2 群管理员:领导都会加入 QQ 群,虽然他们中的绝大多数在群中不发言,但是他们会看。在 QQ 群没有禁言的时候,有时候他们会根据群众的提问,适当地做出一些调整,但很少在群中正面回答问题。新领导进入 QQ 群中以后，大多数都被提升为系统管理员。他们也没有意见，就是默认了。老领导会私下里说不要当管理员了，通常过一段时间，也就取消了他们的管理员权限。有些老领导，退休了去了外地，便申请退群。我们都会挽留。过一段时间，也有些就主动退群了。"

QQ 群的功能也在分化。

"Q1 群管理员：领导们现在大多使用微信群分配具体工作。某一项具体工作任务，涉及到哪些人，就临时拉到新建的微信群里去。无关人员则不在微信群中。工作任务结束后，这个微信群也就没人聊天了。大家也不好主动退出来。"

"Q2 群管理员：在 QQ 没有禁言的时候，大家有时候在群里反映问题。相关部门领导不做声，我们有时候会和群众说：一定会反映给相关领导，请放心。领导不一定同意群众的意见。群众会觉得，在这个 QQ 群里反映，没什么用。反正领导也不看。于是他们自己建立了微信群。他们在 Q2 群中发布微信的二维码，群众便自发加入到微信群中去了。由于个人兴趣爱好，我也加入了一、两个。到后来，群里面就没什么声音了。于是才开始 QQ 群全员禁言。"

三、业主维权群的特点分析

业主维权是一个普遍的社会现象。笔者所观察的这两个社区，都重点发展旅游业，当地绝大多数的群众均支持所在社区的开发项目。这两个社区开发时间都较早，项目涉及的拆迁安置等工作，政府有关部门已经积累了丰富的经验，在过去的时间内已经妥善解决。在作者观察期间，维 1 群业主维权主要包括：1. 小区 C 除"牛皮癣"不当的问题；维 2 群的业主维权内容主要包括：1. 小区 D 物业管理跑路后的问题。下面说明两个微信群中维权事件经过。

维 1 群中,所谓小区 C 中的"牛皮癣",是指在小区楼梯、楼道的玻璃窗上贴、印的各种小广告。这是一个老大难问题。小区居民多次向物业反映,物业花费人力物力清理一两次以后,便说这要由居民所在社区协同管理。由于小区 C 是拆迁安置房小区,居民素质参差不齐,加上拆迁安置房本身的质量问题,居民认为是物业管理的问题,于是有很多居民以物业管理不力等理由拒绝上交物业管理费。于是物业管理消极怠工,小区居住环境变得更差。居民向社区反映,请求抓住这些刷"牛皮癣"的业务员,社区回应:物业和社区只有管理权、没有执法权;这需要城管部门予以配合。社区认为小区 C 本来就有物业管理,应该向物业部门提出申请,并不要找社区。居民总是去物业和社区反映,物业和社区也没有很好的解决办法。物业再次请工作人员除"牛皮癣",可能是工钱没有给到位,这些工作人员直接把楼道上有贴纸的玻璃敲掉。于是维 1 群中便又开始了新一轮的讨论。有一部分人认为:物业请来的工作人员太不负责任,这样把玻璃直接敲碎,并不是解决问题的好方法。还有一部分人认为:应该请城管出面解决问题。经过意见领袖与城管协商,城管答复:若是物业或社区抓到了某个刷"牛皮癣"的工作人员,可以联系城管部门处理。这个反馈结果让居民怒不可遏:那就是让物业和社区抓人,城管部门负责罚款。物业和社区没有精力、也没有专门人员蹲点抓人。大家讨论的结果是:要商量个长久之策,是否需要给小区装一个防盗门?虽然维 1 群中的每个人都认为可行,可是他们分散在多个楼道中,而每个楼道中均有几户是既不想交物业管理费、也不想凑钱安装防盗门的。于是又商量是否可以小区自己组织力量抓人?大家又回答:平时要工作,没有时间蹲点。商量了两个星期,也没有一个很好的解决方案。这并不是涉及到住房质量等非解决不可的问题,又协商不出最终方案,意见领袖也没有那么热心了。

维2群中的成员均为小区D的居民。该小区的物业部门已经运营了8年了。起初,小区D物业部门反映亏损,但并未说明是什么问题导致亏损。群成员经讨论,认为大家交了物业管理费,物业部门没有理由亏损。经意见领袖与物业部门沟通,物业部门回应:是因为小区D,8年以来没有上调物业管理费。但是群成员讨论后认为,小区D的停车费8年内上调了2次,价格约为原先的1.5倍;还有小区中无处不在的商业广告入场费等。物业部门却没有交代这笔钱的用途。另外,小区中的物业管理用房,也是全体业主所有。前几年,物业部门未经小区居民同意,便将其中的一间物业管理用房装修出租。当时小区居民并没有在意,加上一些老年人也不太懂相关法律,还有一部分人抱着"别人不管、我也没有意见"的态度。现在要涨物业管理费,大家仔细查看了《物业管理条例》,发现38条和65条明确规定:"物业管理用房的所有权依法属于业主。未经业主大会同意,物业管理企业不得改变物业管理用房的用途"。"未经业主大会同意,物业管理企业擅自改变物业管理用房的用途的,由县级以上地方人民政府房地产行政主管部门责令限期改正,给予警告,并处1万元以上10万元以下的罚款。"群成员便以此向上级有关部门反映情况,物业部门无法提供业主大会通过的证明,在交了罚款之后,不辞而别。维2群中的讨论是:是否请原来的物业回来协商?因为已经有部分小区居民上交了一年的物业管理费;物业部门撤出小区,意味着这部分小区居民的物业管理费无法追缴。但是有一部分居民不同意,认为要首先查清这8年来物业部门在小区中的非法收入,再谈协商的问题。另外一部分居民认为,要另找物业公司,同时追究原物业公司的非法收入。最后,群成员统一意见:首先追究原物业公司的非法收入,然后再谈是否找新物业公司的问题。但是追究原物业公司的责任不是一两天就能解决的，一段时间后，小区 D 中的垃圾无人清理，导致居住环境差。围绕这个问题，群成员又开展了新一轮的讨论。大家认为，不宜匆忙选择新的物业公司，在正式处理结果出来以前，应该由原物业公司处理小区垃圾、清洁卫生。意见领袖又开始了新一轮的问题反映。

维 1 群和维 2 群中聚集的均为意见领袖和业主代表。维权活动讨论之外，该群几乎没有人发言。只有少数几个人发个表情、转载些新闻。在维权活动期间，这两个群无论是群活跃度 G_T 还是群成员活跃度 P_{Ti} 都很高。在维 1 群中，G_T 的值为 31.73，P_{Ti} 的值在 0.02 到 0.13 之间。在维 2 群中，G_T 的值为 39.13，P_{Ti} 的值在 0.01 到 0.10 之间。从这两组数据可以看出：1. 在这两个群中，没有不发言的人，每个群成员或多或少都发表了意见；2. 讨论激烈，消息的总条数很多（维 1 群 825 条，维 2 群 1213 条）；3. 少数意见领袖发言较多，两个群中发言最多的意见领袖分别占到群成员总发言数的 10% 和 13%，这个比例是相当高的；4. 某个意见领袖是群主，拥有将某个群成员移出群聊的权力。

为什么会出现这样的情况呢？维 1 群中的骨干成员这样回答：

"以前认为人多力量大，可是后来发现人多意见也多。既然是反映问题，那就是要大家齐心协力。当人多的时候，意见不容易统一，什么样的意见都有。有的群成员会当"和事佬"，认为算了，闹下去不会有更好的结果，成为"叛徒"，与对方私下和解，获得一定的眼前利益便算了，影响"士气"。当前维权群的成员，都是统一思想、经过考验的，不会半途而废。"

维 2 群的骨干成员说：

"群里面有时候会混进来"间谍"，或者有些群成员后期成为"叛徒"。现在网络聊天记录可以作为法律证据，现在在群里发言的内容,都要求合理合法,不偏激。不然自找麻烦。我们要求群成员懂法律、懂政策。那种靠激情去维权的人,我们是不会把他们拉到群里来的。"

对于群中的"叛徒""间谍"和"和事佬",两位骨干成员均表示:发现以后,会将该群成员移出群聊,以后不再拉入群中。

两个维权群的骨干成员也承认,在没有长期业主精神支持的前提下,做维权工作感到疲劳,心中也感到倦怠。维权的很多事情,必须要面谈。网络只是一种联络的工具,只有当面讨论问题,才能够更好地了解大家的真实态度。

四、摄影群、聚会群、广场舞群、读书群和牌友群的特点分析

首先需要说明的是,本小节中讨论的多个群的主题都属于业余爱好,且针对该主题,一般认为群成员之间并不存在激烈竞争,也不存在很强的利害关系。但是这些群的氛围和想象中的差距较大,群成员之间的关系并不那么融洽。与其他群相比,群中的部分成员长期不发言,还有些群成员从不发言。在观测期间,这些群的群活跃度 G_T 值较低,在 2.14—3.72 之间。其中,有 38.41%—48.72% 群成员活跃度 P_{Ti} 的值为 0。即这些群有相当一部分群成员不发言,而发言的群成员大多为活跃分子。发言内容多为通知类型,比如:下周去哪里集体聚会;由于天气等原因,广场舞活动暂停等。活跃分子也是回复"收到",或发个表情。有时群中发红包,大家都回复"谢谢红包""恭喜发财"等文字或表情。这些群的群主都表示:微信群降低了通信成本、组织活动更便捷。

但笔者更关心的是,为什么相当数量的群成员不发言?影1群的一个沉默者回答:"在群中,大家都是来学习摄影的,有一、两个摄

影十分专业的人,还有几个舍得花钱买最新摄影器材的人,其他人大多数群友的摄影技术都很普通,使用的摄影器材也很普通。大家本来的目的是在一块交流摄影技术。结果却分了层次。刚开始,大多数群友都热烈响应活动,将拍摄的照片发到群中,请人评比。但是这并没有得到专业摄影者的指点,大家七嘴八舌,总是说不好的地方,但是却又不说怎么改进、需要注意哪些地方,对于关键技术点到而止。导致大多数群友的摄影技术长期在某个水平徘徊。这导致很多群友都不在群中发言。集体活动中,专业摄影者便成为活动的明星,希望别人说好话。高兴了,便指导一二;不高兴,便说继续努力之类的话。线下活动也分成了很多小组。后来很多群成员连集体活动也不怎么参加了。总是购买最新摄影器材的,感觉并非真心爱好摄影,而是喜欢在群里展示经济实力。"

聚 2 群的一个沉默者回答:"大家原来都是一个国有企业的员工,聚会也是为了联络感情。大家都是同龄人,有共同的话题。但是在聚会过程中,大家一方面回忆原来的人事,另一方面对有些当年当官、但是现在生活不太好的,评头论足。其中涉及到一个科长,但从心底里说,他并不是一个坏人,也没有搞什么小团体、作风也比较好。下岗之后,想了好几条门路,因为性格原因,总是不成功。最后到菜市场租个小摊位卖菜。这些人在酒桌上就议论他,把他说得很不堪。我觉得很别扭,以后就不参加活动了。他们有些下岗之后再就业、混得不错的,经常在群里发个红包,金额也不大,就是要显摆一下。"

舞群中的一个沉默者回答:"大家认为广场舞活动不存在利害关系,这是不了解。广场舞领舞,每个月要收一些费用。这些费用包括音响折旧费、电费等,每个月大概 20—30 块。但是领舞有跳得好的,有跳得一般的。广场舞也受到天气影响,刮风、雨雪恶劣天气会临时取消活动。有些人心里有想法,就觉得梅雨季节和冬天寒冷季节,一个月也没跳几次,但每个月的活动经费却没有少收。另外,领舞比较有想法,跳舞要统一服装,说要有气势。服装、舞鞋、包括扇子什么的道具,都由她统一收费、统一订购。后来群里面有人会用淘宝,发现领舞收的费用偏高。但领舞以质量好坏的理由,说明采购费用是合理的。"

读群中的一个沉默者回答:"我是一个小学教师,听说有读书活动,感觉很好,初衷想找到一批有共同读书爱好的人。聚在一起之后,才发现大家的水平参差不齐,搞活动也要找环境比较好的地方,每次聚会要花掉几十元的茶水或咖啡费用。聚会次数多了,感觉大家并没有读什么书,没有明确讨论主题,也并不是完全交流读书心得,而是去聊天休闲。"

牌群中的一个沉默者回答:"群中的一部分人不是冲着打牌去的,就是赌博。赌得比较大,我觉得不能干这个。赢钱的人会在群里发红包。"

问为什么不退群?这些沉默者都回答:"大家都认识,不回消息、不参加活动就好了。群主不踢人,不必主动退出。"

上述回答表明,如果不加以充分引导,微信群对于社区文化建设的促进作用是有限的、甚至会有反作用。

五、总结

本文研究缺陷有如下两个:

1. 选取的两个社区均开通了官方网络社区,这两个社区开发较早,社区已经城镇化。未来争取能够对准备开展新型城镇化、正在开展新型城镇化的农村地区开展网络社区研究。

2. 仅仅使用了两个笔者文中定义的指标,并未使用当前计算机数据挖掘界的复杂网络算法。这有两方面的原因:(1)使用 Pajek、Matlab 等软件分析网络数据、画出网络社区信息流动图存在泄漏用户隐私的可能①;(2)网络社区相关的计算机算法都有假设前提,这会导致分析结果的偏误。这两个问题有待后续工作克服。

这两个地区的农村社区居民已经自发地开通了非官方的网络社区,这些群的内容涉及到日常生活的方方面面,主题十分丰富。从表面上看,这些群的运作都很正常,但通过两个简单定义的社交网络指标便可以观察这些网络社区运作中出现的各种问题,并通过深度访谈的方式,了解这些群运作过程中出现问题的原因所在。

社区环境建设中出现的物业纠纷等问题,社区文化建设中出现的摄影爱好者、广场舞等社会活动中的问题,均在网络社区中有所反映。目前来看,网络社区并未完全解决线下累积的各种矛盾,网络社区只是突破了社区的时空结构,人们可以在任何时间、任何地点发布、共享信息;网络社区成员身份虚拟化,但线下活动对其有反作用;网络社区管理的自治性、自由、平等性等,在熟人建构的网络社区中,也受到了一定的限制。

社区具备如下的特点:1. 社区人口是活动的主体;2. 社区中的人们往往具备类似的社会地位、兴趣爱好和关心的问题;3. 拥有相同或类似的社区制度文化。社区和网络社区也有自身独特的特点,在同一个社区中:1. 居民居住区域邻近;2. 居民生活环境、配套设施相近②。新型城镇化网络社区的构建是有必要的,对于从村民自治到小

---

① McDiarmid A, Bell S, Irvine J, et al. Nodobo: Detailed mobile phone usage dataset . Unpublished paper, accessed at http://nodobo. com/papers/iet-el. pdf on, 2013: 9 - 21.
② 曹立前,尹吉东. 治理转型:从传统乡村到新型农村社区. 农村经济,2016(11):27—33.

社区自治[①]、农村社区服务[②]等问题,网络社区有促进信息传播、避免信息不对等的作用,但社区活动成功与否,与网络社区的群活跃度、群成员活跃度有一定的关系。这些网络指标受到网络社区创建目标和创建者的影响。举例而言,维权群和摄影群之间的群成员互动方式,存在很大差异。而官方 QQ 群的群成员和微信群成员之间的互动方式,也存在较大差异。需要针对不同的网络社区功能,制定不同的量化检测指标。

针对新型城镇化网络社区,需要进一步规范管理和指导。官方网络社区不能仅用全员禁言的方式、发送通知的方式进行管理。要积极与社区居民开展互动,非官方网络社区也要加强管理,防止谣言及其他不当信息的传播。

① 刘强,马光选.基层民主治理单元的下沉——从村民自治到小社区自治.华中师范大学学报(人文社会科学版),2017,56(1):31—38.
② 严仲连.乡村治理视域下的农村社区服务.学术界,2017(1):94—103.

"绿色化"视角下新型城镇化生态文明建设路径探究

庄学村　郑庆昌

　　新型城镇化是中国历史的必然选择,是实现现代化发展的必然要求。生态文明建设是新型城镇化的题中之义,是"五位一体"总体布局的核心内容,是"五化"同步的必由之路。随着中国经济社会的快速发展,城镇化建设取得了很大成就,但伴随而来的很多生态环境问题,面临着生态文明缺失等诸多负面效应。新时期下,如何破解城镇化建设产生的生态问题,推动城镇绿色循环低碳发展,建设新型

(图片来自网络)

基金项目:福建省社科规划重点项目(2014A014)、福建省科技计划项目(2015R0007)。

城镇化生态文明,是当今社会面临的一个严峻课题。不少学者围绕城镇化进程中出现的生态环境问题,做出原因分析,并针对性地提出对策路径。然而,立足新型城镇化建设背景,具体从"绿色化"视角出发,研究生态文明建设的成果相对较少。

一、"绿色化"的提出及内涵意义

中共十八大要求将生态文明建设纳入"五位一体"的中国特色社会主义事业总布局中[①],十八届三中全会要求建立生态文明制度体系[②],十八届四中全会提出用法律制度建设生态文明[③],十八届五中全会要求统筹推进经济、政治、文化、社会、生态文明和党的建设[④]。这从战略上对生态文明建设进行了顶层设计。十八届五中全会提出绿色发展理念,坚持绿色发展,坚定走生产发展、生活富裕、生态良好的文明发展道路,推动建立绿色低碳循环发展产业体系,加快建设"两型"社会[⑤]。2015 年 4 月 25 日,中共中央、国务院发布《关于加快推进生态文明建设的意见》(以下简称《意见》),提出要坚持以人为本,突出生态文明建设的战略位置,融入原有的四大文明建设中[⑥]。

---

① 胡锦涛. 坚定不移沿着中国特色社会主义道路前进　为全面建成小康社会而奋斗. 北京:人民出版社,2012:11。
② 中共中央关于全面深化改革若干重大问题的决定. 北京:人民出版社,2013:11。
③ 中共中央关于全面推进依法治国若干重大问题的决定. (2014 - 10 - 28)[2015 - 09 - 29],http://news. xinhuanet. com/2014-10/28/c_1113015330. htm。
④ 中国共产党第十八届中央委员会第五次全体会议公报. (2015 - 10 - 29)[2015 - 11 - 11],http://news. xinhuanet. com/fortune/2015-10/29/c_1116983078. htm。
⑤ 中国共产党第十八届中央委员会第五次全体会议公报. (2015 - 10 - 29)[2015 - 11 - 11],http://news. xinhuanet. com/fortune/2015-10/29/c_1116983078. htm。
⑥ 中共中央 国务院. 关于加快推进生态文明建设的意见. (2015 - 05 - 05)[2015 - 09 - 29],http://news. xinhuanet. com/2015-05/05/c_1115187518. htm。

　　《意见》贯彻落实全会精神,明确了生态文明建设的总体要求,要求生态文明建设协同推进新型工业化、信息化、城镇化、农业现代化和绿色化①。中央第一次正式提出"绿色化",和十八大提出的"四化"一起形成"五化",将其融入生态文明建设中。《人民日报》从价值取向、产业结构和生产方式、生活方式和消费模式、法治和制度保障国内视角和国际合作视野等角度概括了"绿色化"②。周宏春认为,"绿色化"是将生态文明建设成果具体形象化了,用老百姓可以理解的语言表述。董光耀指出,"绿色化"支撑经济社会可持续发展,是生态文明建设的新内涵。赵建军认为,"绿色化"是生态文明建设的重要标志,它赋予了生态文明建设绿色化生产方式、生活方式、价值观的新内涵。李欢欢指出,"绿色化"是生态文明的进行时,是价值认同、产业结构、生产方式、生活方式、消费模式绿色化的进行时。胡鞍钢认为,"绿色化"是生态文明建设之钥,是实现生态文明目标的一个重要抓手,包括"静"和"动"两层含义。王丽指出,"绿色化"是生产方式、生活方式、价值取向、法制制度和国际合作的绿色,和生态文明建设二者是具体道路和总体目标的关系。

　　"绿色化"是生态文明建设的内在要求和外在体现。内在要求为"静",外在体现为"动"。"静"指"绿色化"是目标,是生态文明建设的成果和表现,是生态文明建设的理论指导。"动"指"绿色化"是手段,是一个过程和进程,是生态文明建设的具体道路。"绿色化"蕴含"静"和"动"两层含义,而在新型城镇化背景下的生态文明建设更突出"动"。

　　总之,"绿色化"是一个在经济社会发展和新型城镇化生态文明

---

① 中共中央 国务院. 关于加快推进生态文明建设的意见. (2015 - 05 - 05)[2015 - 09 - 29],http://news. xinhuanet. com/2015-05/05/c_1115187518. htm.
② "绿色化",新在哪里. 人民日报,2015 - 03 - 30(15).

建设中,人类社会从"图生存",到"求生产",到"过生活",再到"护生态"的"四生"进程;是新型城镇化背景下生态文明建设的理论指导和具体道路;是新型城镇化背景下生态文明建设的一个重要抓手,其内涵包括思想、生产(产业)、生活(消费)、制度和国际合作五个领域。

二、"绿色化"视角下城镇化进程中生态问题分析

目前,随着经济社会的进步,中国城镇化不断推进,取得了巨大成绩。1978—2013 年,我国城镇常住人口从 1.7 亿增加到 7.3 亿,城镇化率从 17.9%提升到 53.7%,年均增加 1.02 个百分点,城市数量从 193 个增加到 658 个,建制镇数量从 2173 个增加到 20113 个[①],基本达到世界平均水平。但伴随而来产生了一些生态问题,即其发展不够"绿色化"。研究表明,中国改革开放以来,由于经济增长的"不绿色",导致其生态环境成本大约占 GDP 的 3%—8%[②]。

1. 生态环保意识不足,生态文明观念落后

部分地区城镇化建设中,生态保护意识不足,环保观念落后。一是在城镇化建设规划前期,指导思想偏差,生态意识不足,没有将生态文明纳入城镇化建设中,对生态文明建设的重视程度不够。二是在城镇化建设过程中,生态保护意识不强,过于重视经济增长,忽视经济社会和生态环境的平衡发展。三是城镇化建设主体观念落后,公众消费观、企业发展观和政府政绩观等缺乏正确的引导和教育。

2. 能源资源浪费严重,生态环境污染加剧

传统的城镇化建设缺乏统一科学的规划和指导,造成资源能源

---

① 国家新型城镇化规划(2014—2020 年)[M].北京:人民出版社,2014.3。
② 荣宏庆.论我国新型城镇化建设与生态环境保护.现代经济探讨,2013(8):7。

（图片来自网络）

浪费和生态污染。一是过去走了一条高投入、高能耗、高污染的工业
化道路的城镇化建设，以牺牲环境来换发展。二是部分地区将城镇
化建设片面理解成城市硬件建设，注重城镇建设的建筑及景观，注重
眼前和局部利益却忽视长远、整体利益和生态效益。三是城镇化的
推进使城镇聚集了大量人口，城镇用水用电、垃圾处理和交通维护等
问题造成城镇一定程度的资源紧张和环境污染。

3. 产业结构分布失衡，生产方式粗放落后

高速推进的城镇化带来很大的发展，但也存在不少影响生态环
境的不合理产业结构和生产方式。一是产业结构分布不协调，在推
进城镇化进程中，片面追求经济效益，过多地发展第二产业，超出城
镇生态环境承载力。二是生产方式较为落后，一些地方只注重能源
开发和生产，生产经营方式掠夺粗放，能源有效利用率不高。三是经
济增长方式粗放，部分地区以经济增速为第一指标，走上了一条高投
入、高能耗、高污染、低效益"三高一低"粗放型增长方式的工业化
道路。

4. 生活方式不够健康，消费模式不够合理

城镇化建设带来了经济社会发展，居民生活方式和消费模式都

发生了较大变化,但是一些不科学的生活方式和消费模式造成资源消耗和环境污染,给生态造成了压力。一是随着居民收入水平的提高,不少人开始信奉"享乐主义"生活原则,大量购买高端奢侈品,生活铺张浪费。二是一些过度的不必要的私家车等出行方式,消耗资源和污染城市空气。三是大量购买、使用非绿色循环的产品和服务等"黑色"消费习惯给环境施加了不小压力。

5. 制度体系缺乏健全,体制机制缺乏完善

当前,城镇化进程速度明显快于生态文明建设,生态环境保护的体系制度和体制机制相对滞后,一定程度阻碍了生态文明建设的进程。一是制度体系不够健全,缺乏顶层设计的宏观统筹,造成政策法规的缺失或者职能部门的职责不清。二是体制机制不够完善,绿色产业生产、资源有偿使用、生态环境补偿和绿色消费责任等体制机制不够完善。三是生态环境执法力度不够,一些地方为求经济效益对一些污染企业睁一只眼闭一只眼,忽视了污染企业对生态环境的破坏行为。

三、"绿色化"视角下新型城镇化生态文明建设的实践路径

《规划》提出要加快绿色城市建设,将生态文明理念融入城市,推动城镇化绿色发展,形成绿色产业结构、生产方式、生活方式、消费模式[①]。绿色化是一种价值取向、产业结构和生产方式、生活方式和消费模式,具备制度保障和国际合作视野[②]。当下,中国城镇化仍将处于快速发展阶段,该选择什么样的城镇化道路,走向"绿色城镇化",

---

① 国家新型城镇化规划(2014—2020 年)[M].北京:人民出版社,2014:3。
② "绿色化",新在哪里[N].人民日报,2015 - 03 - 30(15)。

打造"城镇绿色化",是中国城镇化生态文明建设的一个战略问题。结合《规划》和《意见》,根据新型城镇化建设和生态文明建设的内涵要求,以绿色化为视角,从"心""优""康""制""合"五个角度提出新型城镇化生态文明建设的路径。

1. 以"心"育绿:提高居民环保意识,培育社会生态文明

绿色化是生态文明建设思想领域的抓手。新型城镇化的核心是以人为本,就要加强群众生态道德教育,培育社会生态文明,推进生态文明建设。一要养育居民的绿色化。李克强总理指出,人是城镇化的核心,城镇化就是要造福百姓和富裕农民[①]。新型城镇化的核心是人,是为居民提供良好社会环境的手段和过程,要以养育人为核心指导思想,用心地创造宜居环境,为居民提供良好生活环境。二要教育观念的绿色化。积极推进生态环保教育进单位、进企业、进学校、进社区,加强政府官员绿色政绩观、企业绿色发展观、学生生态文明观、居民绿色消费观、社会生态价值观等生态文明观教育,树立生态环保的绿色城镇化观念。三要培育意识的绿色化。加大生态意识的宣传力度和普及工作,提高居民生态自觉自省意识,培育社会生态文明意识和全民参与绿色生态的价值取向,构建新型城镇化生态文明建设。

2. 以"优"促绿:优化产业生产结构,促进绿色经济发展

绿色化是生态文明建设生产领域的抓手。要求在新型城镇化的生态文明建设中,以优化、合理的产业结构和生产方式转变经济增长方式,走城镇、工业、信息、农业和绿色"五化"同步的新型发展道路。一要调整产业结构,大力发展绿色产业。加快传统产业改造和升级,

---

① 李克强强调推进城镇化核心是人的城镇化. (2013 - 01 - 15)[2015 - 09 - 29], http://finance. sina. com. cn/china/20130115/205514294798. shtml。

通过新型工业化来促进与城镇化、农业现代化、绿色化的良性互动，将一、二、三产业充分结合起来，发展现代生态农业，并因地制宜发展当地特色生态旅游业，延长产业链，打造"第六产业"，推动城镇产业绿色化发展。二要优化生产方式，坚持走绿色、循环、可持续道路。倡导可持续的生产方式，采用高新生产技术，建立循环的、可持续的发展方式①，实现资源、能源和废弃物的合理有效利用，以优化、合理的生产方式促进城镇绿色化生产。三要发展绿色生态经济，构建生态文明社会。高效循环利用资源、严格保护生态环境，实现绿色经济和绿色社会与生态建设相协调②，从而更好推动绿色经济和生态环境的融合发展，构建生态文明的新型城镇。

3. 以"康"养绿：倡导健康生活方式，培养绿色消费习惯

绿色化是生态文明建设生活领域的抓手。倡导居民健康生活、绿色消费，降低不健康生活方式带来的资源高耗能，缓解"黑色"消费模式给城镇环境增加的压力。一要培育社会节能减排的生活方式和消费模式。提倡绿色生活、适度消费，鼓励使用节能产品和服务，奖励节能减排行为，努力对居民的生活方式和消费结构进行引导③，建设节能降耗生活方式和消费模式的绿色社会。二要大力倡导绿色健康生活方式。宣传推广低碳居家、绿色出行、适度消费等健康文明生活方式，倡导生活绿色化，改善居民不健康生活方式。三要着力培养绿色低碳消费模式。树立绿色、低碳、节约的消费观念，引导居民购买使用节能、低碳产品和服务，转黑色消费为绿色消费，养成绿色理

① 陈军.生态文明融入新型城镇化过程的实现形式和长效机制.经济研究参考,2014(8)：44。
② 中共中央 国务院.关于加快推进生态文明建设的意见.(2015－05－05)[2015－09－29],http://news. xinhuanet. com/2015-05/05/c_1115187518. htm。
③ 林昌华.生态文明下推进我国新型城镇化建设的策略思考.改革与战略,2015(2)：128。

性的消费习惯。

4. 以"制"治绿：健全完善制度机制，建立绿色治理体系

绿色化是生态文明建设制度领域的抓手。建设新型城镇化生态文明，必须用制度体系、体制来管理和保护生态环境[①]。一要健全完善各类政策制度，从政策制度层面推动新型城镇化生态文明建设。落实新型城镇化进程中各项生态文明建设的具体政策措施，实行最严格的生态环境保护和环境监管制度[②]。二要建立健全各项体制机制，从体制机制层面保障新型城镇化生态文明建设。建立健全官员政绩绿色 GDP 考评机制、责任追究机制，资源有偿使用机制、产业绿色化机制、生态环境补偿机制和绿色消费责任机制等，用体制机制对政府行为、企业生产、公众参与进行引导和规范。三要建立系统完整的绿色治理体系，从顶层设计上指导新型城镇化生态文明建设。建立健全各项生态文明体制机制，健全完善各类生态环保政策制度，从思想上高度重视新型城镇化进程中的生态文明建设，从实践上狠抓落实各项具体政策制度，确保在生态文明建设中有法制可依，有体系可循。

5. 以"合"共绿：主动参与国际合作，共同打造绿色家园

绿色化是生态文明建设国际合作领域的抓手。随着经济高速发展以及全球一体化加速，生态环境问题已经上升至国际问题，要用国际视野看待，主动参与国际合作，共同打造人类共同绿色家园。一要开放视野，增强国际合作观念。突破国家视角，扩宽国际视野，提升合作意识，才能更好解决城镇化建设中产生的生态环境问题，推动生态文明建设。二要深入交流，引入先进经验技术。积极向国际先进

---

① 中共中央关于全面深化改革若干重大问题的决定.北京：人民出版社,2013：11。
② 国家新型城镇化规划(2014—2020 年).北京：人民出版社,2014：3。

学习,深化国际交流和务实合作,充分借鉴国际上的先进技术和体制机制建设有益经验①,结合本国具体实际,探索一条高效绿色的中国特色新型城镇化生态文明建设道路。三要主动参与,打造人类共同家园。中国是世界上最大的发展中国家,应该主动融入、参与到全球生态环境治理中,在建设本国生态文明新型城镇的进程中承担发展中最大国家的国际责任。

四、结语

建设新型城镇化生态文明是人类历史进程的必然趋势,是中国实现现代化和"五化"同步的战略选择,是中国特色新型城镇化发展的必由之路。以"绿色化"为视角,从思想、生产、生活、制度和国际合作五个领域为切入点,探讨新型城镇化生态文明建设路径,有助于更好更快实现中国特色生态文明新型城镇化道路。

(原载《传本斯大学社会科学学报》,2016 年第 2 期)

---

① 中共中央 国务院. 生态文明体制改革总体方案. (2015 - 09 - 22)[2015 - 09 - 29], http://www.mep.gov.cn/zhxx/hjyw/201509/t20150922_310133.htm。

新型城镇化中生态文明建设的重要性及其实践路径

庄学村,陈建平

一、相关概念的内涵

(一) 新型城镇化

"城镇化"的概念有多种理解,一般分为狭义和广义。狭义上,是指城市建筑用地规划的扩大,城市人口增多,城镇化人口密度增加,基础设施不断完善。广义上,是指包含精神文明在内的社会化、工业化集聚区域城市要素逐渐增加的过程。包含人口城镇化、经济城镇化、社会城镇化、环境城镇化和产业结构城镇化等。

"新型城镇化"更贴近广义上的城镇化概念,注重从"人"这一层面上实现城镇化,旨在追求合理的空间布局,重视传统文化与现代文化的融合,强调生态文明建设,实现与工业化、信息化和农业现代化"四化同步"的协调发展,实现人的现代化发展。

（二）生态文明建设

生态文明是指人类遵循人、自然、社会和谐发展这一客观规律而进行的一系列关于生态的人类活动的总和；是指人与自然、人与人、人与社会和谐共生、持续发展为基本宗旨的文化伦理形态。生态文明建设，是指在人与社会和谐共生的前提下，以资源节约型和环境友好型的可持续发展为目标的社会活动。

胡锦涛同志指出："建设生态文明，实质上就是要建设以资源环境承载力为基础、以自然规律为准则、以可持续发展为目标的资源节约型、环境友好型社会"①。习近平同志强调："绿水青山就是金山银山，既要金山银山也要绿水青山。生态文明建设的最终目的是建设美丽中国，实现中华民族的永续发展。落实到现实实践，生态文明建设的主要现实任务是形成节约资源和保护环境的空间格局、产业结构、生产方式、生活方式，从源头上扭转生态环境恶化趋势，为人民创造良好生产生活环境，为全球生态安全做出贡献"②。

二、新型城镇化生态文明建设的重要性

城镇化是经济社会发展和人类文明进步的必然产物。随着经济社会的飞速发展，目前我国城镇化进程空前加快，城镇化建设取得了一定的成绩。2012 年，城镇人口达到 7.1 亿，城镇化率上升至

---

① 胡锦涛. 在新进中央委员会委员、候补委员学习贯彻党的十七大精神研讨班上的讲话. （2007 - 12 - 17）［2014 - 06 - 23］, http://news. xinhuanet. com/newscenter/2007-12/17/content_7269229. htm。

② 胡锦涛. 坚定不移沿着中国特色社会主义道路前进 为全面建成小康社会而奋斗. （2012 - 11 - 09）［2014 - 06 - 23］, http://cpc. people. com. cn/18/n/2012/1109/c350821-19529916. html。

52.57%,基本达到世界平均水平①。但其建设的可持续性面临严峻的挑战,城镇化进程中积累的一些矛盾和问题也逐渐暴露出来。随着全球生态环境的进一步严峻,人们生态危机意识逐步上升,更加追求高质量人居环境,生态文明开始纳入城镇化建设范畴。

(一) 生态文明建设是新型城镇化规划的前提条件

生态文明建设为科学的新型城镇化规划做出宏观指导。生态文明建设必然要求可持续的科学发展观作为指导,科学发展观又提倡资源节约型和环境友好型的产业结构和消费方式,坚持资源开发与节约并举的生态可持续发展原则,才能使城镇各项资源合理配置,使社会经济和资源环境得到综合协调发展②;生态文明建设为新型城镇化建设提供智力保障。建设好生态文明,能更好地保护环境,更好地节约资源,优化人们的生活环境,协调人与自然的关系,最终建成人与自然和谐相处的新型城镇化,人们的生活质量和幸福指数才会不断提高,对未来生活才会更加充满信心,从而激发人们更积极地投入城镇化建设③,为新型城镇化建设提供更多的智力保障。

(二) 生态文明建设是推进新型城镇化进程的内在要求

当前,城镇化进程中一些地方只注重经济效益,注重建筑方面表面上的城镇化,在建设过程中过分注重眼前和局部利益,忽视了长远和整体利益。给环境带来了巨大破坏和污染,给资源带来巨大消耗和浪费,同时给人类生存带来了严重威胁。新型城镇化的建设要求

---

① 王晔摄. 中央城镇化工作会议在京举行. (2013 - 12 - 15)[2014 - 06 - 23], http://politics. people. com. cn/n/2013/1215/c1024-23842026. html.
② 张涛,陈军,陈水仙. 城镇化与生态文明建设:冲突及协调. 鄱阳湖学刊,2013(3):32。
③ 杨继学,杨磊. 论城镇化推进中的生态文明建设. 河北师范大学学报,2011(6):153。

实现与工业化、信息化和农业现代化的"四化同步",如此才能产生最大的效益总和生态文明建设,是协调经济发展同资源、环境、人口和社会之间的根本渠道,是实现新型城镇化建设社会经济可持续发展的内在要求。

(三) 生态文明建设是实现新型城镇化目标的必由之路

当前我们城镇化进程中,很大一部分由于只注重城镇化的建设速度,为了很快建成城镇化,只以经济效益和城镇规模为目标,往往忽视了人的城镇化和人的发展,违背了以人为本的科学发展观。新型城镇化是一个过程,而绝不是目的。其最终要实现"人"的城镇化,让每个"人"都可以享有城镇化带来的物质文明和精神文明享受,尤其是更注重后者的体验和享受。生态文明建设,其本质目的就是为了建设一个宜居、和谐、生态的包括自然环境和社会环境在内的和谐环境。生态文明建设以人为本的理念,切合了新型城镇化建设的发展目标。

（图片来自网络）

二、新型城镇化中生态文明建设的实践路径

(一) 提高生态意识,建设生态文化

当前我国城镇化建设的生态环境理念相对落后,生态文明建设的总体发展水平相对低。因此提高生态意识,建设生态文化是建设新型城镇化的必然要求。一要加大城镇生态意识的宣传力度,提高公众生态自觉自省意识,在全社会范围内营造良好的生态价值观;二要加强生态价值观、绿色消费观和绿色政绩观的教育,树立以人为本的生态城镇化观念[①];三要着力倡导绿色生态文化建设,培育社会生态文明意识,推动生态城镇化建设。

(二) 发展绿色生态产业,调整城镇产业结构

绿色生态产业是带动经济发展的强有力驱动,是实现经济快速发展的有效手段,能够为城镇化的发展提供强劲推动力。依托当地资源,建设一批生态化特色工业园区,采用循环经济为发展模式,以低投入、低消耗、高质量和高效益为原则,提升生态产业聚集效能[②]。结合当地特色和优势,以县域经济为载体,建设名优特绿色循环产业链,按照资源节约和环境友好的要求,大力调整产业结构,促进城镇经济发展。

(三) 加大资本投入,加强生态环境建设

加大财力、物力等的有形资本投入,改善生态环境,推动城镇优

---

① 张晓冉. 城镇化生态文明建设的重要性及相关建议. 商,2014(2):233。
② 同上。

美环境、宜居环境建设；加大城镇管理者、建设者等的无形资本投入，从理念上重视并且实践了生态文明建设，城镇化建设才能更加有利地进行。只有同时加大了有形资本和无形资本的投入，才能更好地推动生态文明建设，从而更好地推动新型城镇化建设。

结语

中央城镇化工作会议曾指出，要紧紧围绕提高城镇化发展质量，坚持生态文明，着力推进绿色发展、循环发展、低碳发展。当前我国正处于社会转型时期，将生态文明建设融入新型城镇化进程中，大力推进新型城镇化生态文明建设是我国新型城镇化建设的必由之路。在新型城镇化进程中注重生态文明建设，也是中国特色城镇化的题中之义，将进一步丰富和发展"五位一体"的中国特色社会主义道路。

（原载《福建质量管理》，2018 第 17 期）

哲学视角下新型城镇化中传统村落文化传承路径探究

庄学村,郑庆昌

《国家新型城镇化规划(2014—2020 年)》明确提出要走以人为本、四化同步、优化布局、生态文明、文化传承的中国特色新型城镇化道路,发展注重人文的有文化脉络的美丽城镇,在旧城改造和新城建设中注意保护历史文化遗产和融入传统文化元素,加强历史文化名城名镇文化生态的整体保护、传承和弘扬优秀传统文化,促进传统文

(图片来自网络)

基金项目:福建省社科规划重点项目(2014A014)、福建省科技计划项目(2015-R0007)。

化与现代文明的交融①。传统村落承载着中华传统文化的深刻内涵，凝聚着中华民族精神，是繁荣发展民族文化的根基。但是随着城镇化的快速推进，传统村落及其传统文化日益衰落，甚至消失。因此，在新型城镇化进程中，加强传统村落保护和传统文化传承迫在眉睫②。基于此，从哲学视角出发，探讨新型城镇化中的传统村落文化传承问题，具有重大理论和现实意义。

一、新型城镇化中传统村落文化传承的哲学依据

1. 新型城镇化中传统村落文化传承体现客观普遍联系

马克思主义哲学认为，事物的发展处于客观的普遍的联系之中，任何事物都存在着这样或者那样的联系。城镇化建设带动了建筑、市政、园艺等各行各业的发展，带动了大量劳动力就业，促进了社会经济发展，为传统村落的发展及其文化传承带来了物质基础，带动村落基础设施建设和各项民生工程建设，从而更好地促进传统村落的文化传承。传统村落的文化传承有助于中国传统文化的进一步延续和传播，而在城镇化建设过程中融入传统文化将使新建成的城市更加血肉饱满，从而丰富了城市的文化内涵，使得城市更有温度。

2. 新型城镇化中传统村落文化传承存在对立统一的矛盾辨证关系

马克思主义哲学认为，事物的发展处于矛盾的对立和统一中。城镇化建设和传统村落文化传承是城乡统筹、城乡和谐发展的两个方面，缺一不可。它们是既对立又统一的关系。一方面，如果片面追求城镇化建设而忽视甚至破坏传统村落及其文化传承，会一定程度

---

① 国家新型城镇化规划(2014—2020年). 北京：人民出版社,2014：16—17,57—58。

② 住房和城乡建设部，文化部，财政部. 关于加强传统村落保护发展工作的指导意见. (2013－03－28),http://ctv. wodtech. com/protection/zcwj/20130328/94789. shtml。

上造成传统村落及其文化的衰落,不利于城乡统筹及其二者的和谐发展,进一步加大城乡矛盾。另一方面,如果过度强调传统村落的保护及其文化传承,而以此阻碍新型城镇化建设,将不能进一步释放社会发展的活力,不利于包括新型城镇化在内的"新五化"发展。中国推动城乡统筹发展和城市化建设的经验表明,新型城镇化建设必须"要让城市融入大自然,让居民望得见山,看得到水,记得住乡愁",同时"要融入现代元素,保护和弘扬传统优秀文化,延续城市历史文脉"①,如此建成的新城才更有文化内涵,具有吸引力和生命力。同时,传统村落的保护和发展必须融入现代文明,借助城镇化的力量,将传统文化跟现代文明紧密结合,才能让古村落"复活",其传统文化得以更好的传承。如此,进一步推动城乡协调发展的和谐与共生共荣。

3. 新型城镇化中传统村落文化传承贯彻科学发展观

科学发展观是马克思主义理论中国化的新成果,强调以人为本,全面协调、统筹兼顾、可持续发展。新型城镇化建设中传承传统村落文化,前提要义是要以人为本,真正做到建设为了人民,发展成果由全体人民共享。要求在新型城镇化建设过程中,不能片面追求经济,而应统筹兼顾生态环境和社会效益;同时也不能一味强调传统村落和文化的传承保护,而阻碍甚至停滞了城镇化进程和经济等各方面的建设。要求在建设中,全面协调经济、社会、文化和生态等几个方面之间的关系,共同推进、和谐发展。要求在新型城镇化建设中协同推进传统村落的文化传承,要考虑长远利益和整体利益,物质和精神两个文明同时抓,做到协调的可持续发展。

---

① 习近平. 中央城镇化工作会议在北京举行. (2013 - 12 - 15),http://news. 12371. cn/2013/12/15/ARTI1387057117696375. shtml)。

4. 新型城镇化中传统村落文化传承蕴含人民群众观

马克思主义哲学认为,人民群众是历史的推动者和创造者,必须要发挥人民群众的力量来推动社会的进步。新型城镇化建设要求以人为本,人是新型城镇化建设的目标,也是其手段,新型城镇化建设和传统村落文化的传承迫切需要当地群众的参与。这就要求我们在传承新型城镇化建设背景下的传统村落文化时,必须要发挥群众的主观能动性,发挥群众参与到新型城镇化建设和传统村落文化传承中来。新型城镇化建设,不仅关系社会经济的发展和生态环境保护,也关乎人类居住条件和生活质量。传统村落文化传承,不仅是单纯保护和继承发扬传统文化,更关乎人民的文化建设和精神依托,也是传承中华优秀传统文化的重要组成部分。新型城镇化建设中传统村落文化传承,必须发挥群众的作用,发挥群众的建设热情,这将有助于推进新型城镇化建设中传统村落的文化传承;同时,新型城镇化建设中传统村落文化传承的良性推动,也将为人民群众提供一个更加良好的生存和生活环境,在物质层面上为人民群众提供了安身立命之所,在精神层面上为人民群众提供了精神寄托。

二、哲学视角下新型城镇化中传统村落文化传承的问题 分析

1. 正确的发展意识未能得到全部认同

意识是对客观事物的反映,正确的意识能够有效指导改造客观世界和促进事物的发展。在新型城镇化建设传承传统村落文化中,部分地区和群众未能树立正确的意识,正确的发展意识未能得到全部认同。一是发展理念不够科学,部分地区过分追求城镇化建设速度,将城镇化建设片面理解成城市建筑、公共设施等物质建设,忽略

文化建设等内涵和实质，在文化遗产传承保护等方面的缺失，一定程度上制约了城镇化建设①。二是政府政绩观指导偏差，部分地方政府为加快社会转型发展，利用手中占优势的公权力和公共资源，整合农村资源进行开发，却对传统村落乡土文化的保护和传承不够重视，打破了原有的农村文化根基和文脉传承，使村落传统文化渐渐失去其灵魂精髓②。三是人民群众的守旧观念，城镇化进程中，以老一辈为主的当地部分人民群众一味保求自己原有住宅，盲目抵触和阻扰城镇化建设，甚至出现一些破坏建设的不良行为，不利于推进城镇化建设与传统村落文化传承的和谐共生。

2. 科学发展观未能得到全面贯彻

马克思主义哲学强调的发展是指前进的上升的发展，科学发展观的本质是马克思主义发展观，要求以人为本，全面协调、统筹兼顾和可持续。在推进新型城镇化建设传承传统村落文化中，一些做法未能很好贯彻落实科学发展观，导致其进程在一定程度上受到阻碍。一是部分地方在推进城镇化建设过程中，对传统村落文化的保护和传承不够重视，忽视人的精神文明建设和群众利益。二是一些地区片面强调经济建设，忽视与文化、社会、生态建设的协调发展；另一方面，部分地区在推进城镇化进程中，或者片面追求城镇化建设速度，或者过分强调村落及其文化传承保护，造成城乡发展得不够协调。三是高速推进的城镇化建设，片面追求速度和经济效益，在某种程度上对传统村落及其文化传承造成破坏，影响了生态及文化的可持续。

3. 人民群众的力量未能得到充分发挥

人民群众是实践的主体、历史的推动者和创造者。在新型城镇

---

① 王敏. 城镇化不可忽视文化建设. 北京观察，2014(3)：38。
② 曹云，周冠辰. 城镇化进程中乡土文化的保护困境与有效传承策略. 现代城市研究，2013(6)：32。

化建设中传承传统村落文化,必须依靠群众的力量,协同推进新型城镇化建设和传统村落文化传承,创造更良好的政治、经济、社会、文化、生态效益,为人民群众提供更加丰富的物质和精神文明,真正做到"发展依靠人民,发展为了人民"。然而目前一些地区,在新型城镇化建设中传承传统村落文化方面未能更好落实这些理念。一是几乎由政府主导,靠政府的行政力量推动,忽视了人民群众的参与及其主观能动性的发挥。二是专家学者的号召和呼吁,虽然在一定程度上起到推动和营造社会氛围的作用,但由于缺乏组织和相应的资金等因素,最终也收效不大。三是在发展中片面追求城镇化建设速度和整体社会经济增长,忽视了人民群众的利益,不利于调动人民群众参与城镇化建设和传承传统村落文化的积极性。尽管在这一过程中,政府和专家学者发挥了很大的作用,但是忽视发动人民群众参与,不能发挥人民群众的主观能动性,会在一定程度上影响其建设发展。

三、哲学视角下新型城镇化中传统村落文化传承的实践进路

1. 树立科学发展观和正确意识

科学发展观强调以人为本,全面协调、统筹兼顾和可持续,是正确的意识,正确的意识可以促进事物的发展。因此,必须坚持以科学发展观为统领,大力推进城乡文化建设,在城镇化文化建设过程中以全面改善文化民生、实现文化惠民为主题①,融入传统文化和更多自然乡土风光,延续城市文脉,才能更好地传承新型城镇化进程中的传统村落文化。一要坚持以人为本的发展观念,强调人民的根本利益,

---

① 戚巧灵. 初探城镇化进程中的基层公共文化建设. 大众文艺,2014(6):7。

新型城镇化进程中传承传统村落文化,要强调人本观、科学观、持续观和幸福观,保护村落人民生产生活方式,关注传统文化可持续发展,关注民生与幸福①。二要统筹兼顾新型城镇化建设和传统村落文化传承,将村落保护、文化传承和文化遗产保护纳入新型城镇化建设规划,将公共文化服务建设纳入城镇化的基础建设②,将新型城镇化建设成果同村落人民共享。三要树立政府科学的政绩观,在城镇化建设中打破唯 GDP 论的政绩观,改进单纯追求经济增长的发展观,要全面协调新型城镇化建设中传统村落文化传承的经济、社会、文化和生态建设。

2. 发挥人民群众的主体作用

发挥人民群众的力量作用,人民群众是推进新型城镇化建设中传统村落文化传承的实践者和改造者,是新型城镇化建设和传统村落文化传承的主体因素。一要保护人民群众的利益主体地位。李克强总理指出,"人是城镇化的核心,城镇化就是要造福百姓和富裕农民"③。新型城镇化建设和传统村落文化传承的利益都是人民,要充分保障人民的利益主体地位,充分调动人民群众参与新型城镇化建设和传承传统村落文化的积极性、主动性和创造性。二要发挥人民群众的建设主体作用。人民群众既是新型城镇化建设和传统村落文化传承的利益主体,也是其建设主体,更是新型城镇化建设的主力军和乡土文化的守护者,充分发挥人民群众主观能动性,组织人民群众有序参与,将更加有利于推动这一历史进程。三要提升人民群众的专业技术能力。人是新型城镇化建设和传统村落文化传承的目的核

---

① 刘桃良. 城镇化进程中传统文化的保护策略. 曲靖师范学院学报,2013(4):81。

② 赵燕. 城镇化进程中文化建设的重要性及建设路径. 青年文学家,2014(9):161。

③ 李克强强调推进城镇化核心是人的城镇化. (2013-01-15)[2021-8-17],http://finance. sina. com. cn/china/20130115/205514294798. shtml。

心,也是手段核心,参与其中,不仅需要满腔热情,也需要各项专业技能。因此要加强对人民群众各项专业技能培训和教育,加大人力资源投入,建设专业人才队伍,为建设新型城镇化和传承传统村落文化提供强有力的人才支撑。

3. 坚持内因和外因相统一

事物的变化发展是由内外和因共同起作用。实践证明,在新型城镇化建设中传承传统村落文化,当地人民群众是内因,专家学者和政府是外因,必须有二者的共同参与。一要发挥当地人民的力量,通过组建街道社区专业委员会、古建筑保护协会、古村落保护协会和传统文化传承协会等民间组织,发动本地人民参与。"生于斯,长于斯"的当地人民对本地新型城镇化建设和传统村落文化传承有着很深的情感和建设经验;用当地人民的智慧来唤醒传统村落的自我修复功能,促进传统文化的有机更新能力从而达到保护目的。二要加强专家学者的智库作用和政府的宏观指导。专家学者和政府对新型城镇化建设和传统村落文化传承进行科学规划,并在这一过程提供专家学者的智力支持和政府强有力的后盾保障、宏观引导。三要共同发挥当地群众和专家学者、政府的作用,并且各方主体要进行有效合作。新型城镇化建设中的传统村落文化传承是一项系统而又庞杂的工程,单靠当地群众或者专家学者、政府任何一方都是难以完成的,必须将所有主体有机统一起来。强调新型城镇化建设和传统村落文化中"以人为本"的核心,同时依靠专家学者和政府的力量推动,才能更好地推进新型城镇化建设与传统村落文化传承的和谐共生共荣。

四、结语

综上,在当前新型城镇化建设推进中,研究其进程中的传统村落文化传承问题,将进一步促进城乡统筹和社会和谐发展。从哲学视角思考新型城镇化进程中的传统村落文化传承,使我们可以更加清晰认识城镇化建设与传统村落保护、文化传承的重大意义,以及之间的紧密联系。这将有利于在社会主义现代化建设中,进一步推进新型城镇化建设与传统村落文化传承的和谐共生,助力"五化"同步发展和社会主义事业"五位一体"的总体布局。

(原载《吉林工商学院学报》,2016 年第 1 期)

失衡与平衡：新型城镇化建设中传统村落文化传承研究

庄学村

　　传统村落承载着丰富的传统文化，是中国农耕文明的重要载体，是中华民族的源泉。传统村落文化是华夏文明的源头，蕴含着丰富的文化遗产，孕育着中华文明并延续着中华文脉。随着现代化加速前行，当下，在新型城镇化建设的浪潮中，传统村落文化传承一方面拥有发展带来的历史机遇，另一方面面临着现代化带来的时代挑战。新型城镇化建设中，面对传统村落的不断衰落甚至消亡，传统村落

（炮龙节，图片来自网络）

文化逐渐遭受冲击,如何应对时代挑战,抓住历史机遇,有效传承传统村落文化,直面失衡困境,进一步寻求二者的平衡发展,是当下一个重要的研究课题。

一、新型城镇化建设中传统村落文化传承的提出背景

2013 年 12 月,在中央城镇化工作会议上,习近平总书记强调,推进城镇化要以人为本,"提高历史文物保护水平","传承文化,发展有历史记忆、地域特色、民族特点的美丽城镇"等,明确提出:"城镇建设,要让城市融入大自然,让居民望得见山、看得见水、记得住乡愁;要融入现代元素,更要保护和弘扬传统优秀文化,延续城市历史文脉。"①2014 年 3 月,《国家新型城镇化规划(2014—2020 年)》提出要努力走出一条文化传承的中国特色新型城镇化道路,要注意保护历史文化遗产和融入传统文化元素,加强历史文化名城名镇文化生态的整体保护,传承和弘扬优秀传统文化,促进传统文化与现代文明的交融②。

然而,在如火如荼的新型城镇化建设的进程中,部分地区还是继续沿用传统城镇化模式来推进,未能树立以人为本和科学发展观的理念,在城镇化建设过程中,过度追求建设速度和经济效益,忽视了文化传承和人民的根本利益。造成新型城镇化建设与传统村落文化传承的失衡。随着城镇化的快速推进,传统村落及其传统文化日益衰落,甚至消失。据传统村落保护委员会统计数据显示:"传统村落

---

① 习近平. 中央城镇化工作会议在北京举行. (2013 - 12 - 15)[202108 - 16],http://news. 12371. cn/2013/12/15/ARTI1387057117696375. shtml.

② 光明网. 国家新型城镇化规划(2014—2020 年). (2014 - 03 - 17)[2021 - 8 - 17],http:// news. gmw. cn/2014-03/17/content_10687622. htm.

数量从 2000 年的 363 万个减少到 2012 年的 271 万个,年平均递减 9
万多个。"①以平均每天近 10 个基层行政村和 200 多个自然村的速度
在递减消失,而在这逐年递减的行政村和自然村中包含具有重大历
史文化传承价值意义的传统村落。目前"现存传统村落的数量仅占
全国行政村总数的 1.9%。据专家估计,有较高保护价值的传统村落
现存不到 5000 个。"②其独特的珍贵传统文化形态也相应失传或者消
失。显然,在急速现代化的当下,新型城镇化进程中传统村落文化遭
遇不小冲击,二者之间的协调发展面临一些失衡。因此,在新型城镇
化进程中,传承传统村落保护传统文化,必须厘清二者的关系,寻求
一个共荣共生的平衡点。

二、新型城镇化建设中传统村落文化传承的失衡困境及原因分析

(一) 村落内部失衡

1. 传统村落自身的内在问题

传统村落自身的脆弱性导致其自我保护能力不足。一是经济落
后。由于农村自身经济发展需要,不少地区的传统村落为了自身经
济发展,在城镇化建设背景的催化下,进行新居改造,直接对村落的
文物古迹、古建筑等传统文化造成破坏。二是建筑老化。由于历史
悠久、年久失修以及村落所处多雨水泥石流滑坡等环境,使传统村落
在自身保护方面具有天然的脆弱性,加上一些村民对古民居的人为

---

① 冯骥才. 传统村落的困境与出路——兼谈传统村落是另一类文化遗产. 传统村落,2013
(1):8。
② 四部门要求加强中国传统村落保护. 中国文化报,2013-04-30。

破坏等因素,传统村落的自身保护问题显得更是步履维艰了,从而影响其传统文化的传承。三是人口外流。由于城镇化进程加速和经济水平的提升,部分村落原住民搬出古民居到外地居住,原本就相对落后的村落就这样渐渐被原住民遗弃了。薄弱的经济基础,必然使其上层建筑面临困境。传统村落自身建设不足,导致不能很好传承其文化。

2. 传统村落文化的融合困境

随着新型城镇化建设的进一步推进,城市现代文明的步伐不断加速,与此同时,村民们在满足了物质需求之后,精神文化需求日益增长。向左是精神文化需求日益增长的村落原住民,向右是日新月异的城市文化和现代文明,传统村落文化在左右之间进行突围,与村民精神文化需求和现代城市文明的融合陷入了困境。在这一过程中,传统村落文化与村民精神文化需求存在着精神撕裂的困境,与城市文化、现代文明的融合存在剧烈阵痛。

一方面是传统村落文化与村民精神文化需求的断裂。随着新型城镇化进程推进和经济社会的进一步发展,村民的经济生活水平得到了提升,在此基础上,其精神文化生活也随之有更高、更现代化的要求。加上各种"韩流"和"欧风美雨"等文化的冲击下,村民们越来越追求时尚的、新鲜的、潮流的文化产品。就这样,传统村落及其传统文化渐渐被人们遗弃了。

另一方面是传统村落文化与城市文化和现代文明融合的剧痛。包含那些不合时宜的,甚至有部分诸如婚丧嫁娶繁文缛节、磕头仪式、错综复杂的隔代宗亲关系等粗俗落后的、封建迷信的传统村落文化,在现代化的冲击之下,左冲右突,终是困难重重。在追求简单、轻快节奏的城市文化面前,传统村落文化显得那么格格不入,欲进不能,难以突围。传统村落文化自身存在的这些不足,导致其难以同城市文化和现代文明融合。

(二) 思想认知失衡

1. 对新型城镇化建设内涵认知不足

《国家新型城镇化规划(2014—2020 年)》提出要努力走出一条"以人为本""文化传承"的中国特色新型城镇化道路,指出在新型城镇化建设中要注重"人的城镇化",维护人民的根本利益,要在旧城改造和新城建设中传承和弘扬优秀传统文化,促进传统文化与现代文明的交融。相对于过去传统的城镇化建设,"以人为本""四化同步""优化布局""生态文明""文化传承"的新型城镇化建设要求统筹城乡发展,在城市扩张建设中协同推进村落保护发展;要求传承优秀传统文化,在追求城市经济建设时兼顾文化建设,将传统文化融入现代城市,实现"望山见水记乡愁"的新型城镇化建设。

然而在现实中,存在着政府和民众没能认识并践行新型城镇化建设战略内涵的困境。部分政府部门对城市文化建设的冷淡甚至唱反调,不顾人民意愿,甚至损害人民利益,在推进城镇化进程中,一味追求城市建设速度和经济效益,忽视城镇建设的质量和生态效益、社会效益,对周边传统村落及其文化也不加保护,使建成的城市因缺乏文化底蕴和人文气息,千篇一律的新城如同钢筋水泥森林一般冰冷。村民因为对新型城镇化建设"以人为本""文化传承"等内涵和传统村落文化传承的价值意义认识不足,或对自己所处的传统村落的保护和其文化传承呈现无所谓的心理状态,或因自身素质不足等因素又处于心有余而力不足的困境。

2. 对传统村落文化传承价值认识不足

对新型城镇化建设中传统村落文化传承的认识不足,造成了一些困境。一是对传统村落的价值意义认识不足。一些地方没有意识到传统村落的价值意义,没有将传统村落的保护纳入城镇化建设和城乡规划中。在新型城镇化建设中,由于 GDP 政绩观导向,过度追求城镇化速度和经济效益,忽视了社会效益和文化效益,以及与传统村落的协调发展,不利于传统村落的保护。加上当前对新农村建设理解存在一些误区,如急于求成、大拆大建等,从而给传统村落的存续及其文化传承带来严重危机。二是对传统乡土文化的价值意义认识不足。在现有城乡二元结构中,一些地方政府为了加速推进新型城镇化建设,往往通过多种手段掠夺和整合了农村资源,但对传统村落乡土文化的保护和传承不够重视,打破了原有的农村文化根基和文脉传承,使村落传统文化渐渐失去其灵魂精髓。导致在新型城镇化进程中出现了不利于传统乡村文化传承的现象:城镇化背景下价值观念的改变,形成了对乡土文化的吞噬;市场经济条件下的功利心态,形成了对乡土文化内涵和价值的扭曲与扼杀;城镇化中的盲目性和急功近利,形成了对乡土文化的解构。三是对传统村落文化传承的价值意义认识不足。传统村落成为新农村实质上是一项文化工程,但是实际上,目前还没能将传统村落成为新农村的问题提升到民族的生存文化是否可得以存续的高度,以及没能将新农村建设是否能够保持中国特色的高度来认识。这是对传统村落文化传承的价值意义认识不足造成的困境。

同时,新型城镇化建设中,由于对传统村落文化传承的价值意义认识不足,在传统文化遗产传承保护和公共文化服务建设方面的缺失,面临诸多具体困境:第一,大量农村人口流入城市使得各传统村落文化遗产继承和保护的问题越发凸显。第二,城镇化进程中文化遗产保护经费短缺。第三,文化阵地的拆除使文化队伍面临消失的窘境。第四,公共文化设施管理失控。

3. 缺乏传统文化传承自信和自觉

《中国文化报》指出，在大多数情况下，"文化自觉"不会自然发生，它常常是在灾难或巨大的民族危机之后的一种深刻甚至痛苦的反思，当一个民族缺乏"文化自觉"的时候，任何来自外部的"越俎代庖"式的"保护"，都是暂时和难以真正起作用的，使"文化多样性"成为人类文化的基本范式并使各民族的非物质文化遗产得到传承和发展，最终还要依靠各民族自己的觉悟和行动。

一个传统村落的延续和发展过程中，会逐渐沉淀和世代传承下许多非物质文化遗产。2014 年 11 月，国务院下发《国务院关于公布第四批国家级非物质文化遗产代表性项目名录的通知》(国发[2014] 59 号)，发布了包括民间文学、传统音乐和民俗等十大项目，共计 153 项，要求认真贯彻"保护为主、抢救第一、合理利用、传承发展"的工作方针，为弘扬中华优秀传统文化作出新贡献。目前，中国已有 37 项非物质文化遗产登录世界非物质文化遗产名录。中国传统文化在世界文化占有一席之地。但是人们似乎对这个自豪，没有多大的认同感和自信感。

村民作为传统村落文化传承的主体，其文化自觉对传统村落文化传承至关重要。然而现实是，村民缺少村落保护与传统文化传承的自觉意识。在调研的村落中，相当一部分村落里村民对村落文化认识不够，传统文化观念淡薄。在当下的村落里，随着农民生活水平的提高，传统的文化习俗被现代化的元素所替代。同时，村民之间的交流不断减少，传统的文化习俗在新一代村民的记忆中意识淡化，传承传统村落文化的意识生长困难。难以发动人民共同参与、自下而上保护传统村落，唤起人们对家乡传统文化的自觉和自信，动员最广大的人群参与传统村落、传统遗址的保护与重建。

（三）主体参与失衡

1. 政府错位

在新型城镇化建设中传承传统村落文化大背景下，一方面，在以经济发展为主导的 GDP 指挥棒指引下，新型城镇化推进进程中一些地方政府为加快推进城市建设和经济发展，对周边一些传统村落进行资源整合的同时，往往是"用力过度"，破坏了传统村落原有格局和文化传承。往往是地方城市建设和经济效益上去了，传统村落却遭受破坏，没落了，甚至消亡了，而以传统村落为土壤依托的传统文化也随之失传。这个时候，地方政府从主观上显得有些"过度作为"。

另一方面，由于传统村落文化传承自身特性决定了保护与发展的缓慢见效和较大难度。其技术性强，所需资金多，工作程序繁琐，无论靠民间自发组成的力量，或者专家学者的学术研究和呼吁显然都是不够的。从传统村落的调查、记录、认定、公布再到保护规划的编制，都离不开政府的倡导和支持。面对这项需要耗费大量人力、物力、财力且短时期内见不到政绩的大工程，客观地讲，地方政府确实显得有些心有余而力不足和捉襟见肘。这个时候，地方政府往往是客观上被迫选择了一定程度的"不作为"。

以传统村落文化资源的旅游开发项目为例。在传统村落旅游开发过程中容易出现"重开发轻保护，重经营轻管理"现象。部分政府部门意识到传统村落的保护开发价值，对其文化、建筑、生态等方面资源进行开发利用，但在具体保护规划工作中作为较少，没有制定有效的保护措施，对村落保护与发展的作为不多，难以为村落保护与文化传承提供有效指引。在这一过程中，部分政府部门对开发和经营利用，显得"过度作为"，但在保护和管理发展上，则显得"不作为"。这种该作为不作为，不该作为却过度作为的错位行为，不利于传统村落文化传承。

总之，在新型城镇化建设进程中，部分地方政府主客观上的"不作为"和"过度作为"，在政府错位的环境下，必然在某种程度上给传统村落的保护和传统文化的传承带来困境。

2. 市场越位

新型城镇化建设的项目和工程繁多，全部由政府大包大揽显然是不大现实的，而作为群众很多时候更是显得爱莫能助和心有余而力不足，因此将必要的项目以市场方式运作本是无可厚非，相反不少时候还能更有效率和效果。但现在不少地区和领域出现了市场越位行为，过多追求经济和过度商业化而不顾其他效益的现象，这对新型城镇化建设中传统村落文化传承极为不利。

近年来，传统村落的消失速度在加快，个别传统村落以"可资旅游"的理由存在下来，成为地方卖点。一个村落进入旅游开发程序后，按照商业运作标准来改造，符合的被保留下来，不符合的则被忽略甚至肢解和消灭。这是可悲的，没有文化记忆和精神，这些地方只是一个物质性的空壳。类似"文化搭台，经济唱戏"的现象还有很多。诸如之前传出，为追求经济，素有"卧龙"岗之称的诸葛村，涉嫌抄袭其他景区设计的行为。更有甚者，为了吸引眼球，制造噱头，有人提出，在传统村落景区建造潘金莲相关雕像纪念馆等。

据调查，目前有不少地方已经难存完整的传统村落了，究其原因，很大因素是对商机的不良追求，打着城镇化建设和乡村旅游的幌子唯利是图、巧取豪夺，最后是在不自觉中破坏了村落，消灭了传统文化。

在城市建设中"拆了真的建了假的"，毁了真古迹，建了假古董。千篇一律的旅游开发和商业市场化，缺乏文化底蕴和内涵，唯经济利益是图行为。市场越位行为，过度以经济利益为导向消费文化，最终会消灭文化。对此,中国民间文艺家协会主席冯骥才呼吁:"不能把旅游作为村落保护的唯一出路。如果村落都被开发旅游了,那么另一个悲剧就诞生了。"

3. 民众缺位

马克思主义哲学认为,人民群众是实践的主体、历史的推动者和创造者。在新型城镇化建设中传承传统村落文化,必须依靠人民群众的力量,协同推进新型城镇化建设和传统村落文化传承,创造更良好的政治、经济、社会、文化、生态效益,为人民群众提供更加丰富的物质和精神文明,真正做到"发展依靠人民,发展为了人民"。

然而,目前一些地方,在实际发展中,人民群众难以参与新型城镇化建设中传统村落文化传承,出现民众缺位的困境。从主观方面看,一是不少民众在新型城镇化建设建设中,自身对参与其进程中的传统村落文化传承缺乏相应积极性,参与意愿不高。二是部分民众尽管有参加新型城镇化建设和传承传统村落文化的意愿,但是由于自身文化素质有限和专业技能短缺,难以参与新型城镇化建设中传统村落的文化传承。从客观方面来看,一是新型城镇化建设几乎由政府主导,靠政府的行政力量推动,在其进程中对于传统村落文化的传承,忽视了人民群众的参与及其主观能动性的发挥。二是在发展中片面追求城镇化建设速度和整体社会经济增长,忽视了人民群众的利益,不利于调动人民群众参与城镇化建设和传承传统村落文化的积极性。总之,尽管在这一过程中,政府和专家学者等力量发挥了很大的作用,然而,人民群众如果没能很好地参与,就会在一定程度上影响其建设发展。

此外,作为村民自治的群众基层自治组织——村委会,由于在现实中或因承担更加繁重任务,或因有些干脆是"撂挑子"的不作为,导致村民自治组织难以在其进程中扮演重要角色,这也在客观上给传统村落文化传承造成困境。

综上，政府专家学者、市场和社会民众三方主体参与的不健全，必然导致不能很好传承新型城镇化进程中的传统村落文化。

（四）建设发展失衡

1. 传统村落保护与城镇化建设失衡

矛盾双方是既对立又统一的，二者存在斗争性和同一性。矛盾双方互为依托，互相补充，当满足一定条件时，可以互相转换。

在新型城镇建设中谈传统村落保护和文化传承，这当中有两组矛盾。一是"城"与"村"之间的矛盾，这是最大也是首当其冲的矛盾。由于历史原因，在这组矛盾中，村一直处于劣势，从新中国成立以来，利用"剪刀差"牺牲了农业促进了工业，农村资源源源不断送往城市，搞建设搞发展。城乡之间处于进退关系。这时，城与乡的发展是失衡的。只有当现代城市建成了，推进新型城镇化建设，提倡"城市反哺农村，工业支持农业"方针。这时，城乡才是互为依托和补充，并且互相促进的关系。

二是"保护"与"建设"也是一组矛盾，过度强调保护，会在一定程度影响城市建设进程，反过来，一味追究建设速度也会破坏传统村落。这时，保护与建设是失衡的。新型城镇化建设是推进以人为本，城镇化和农业现代化协同发展的道路，二者是寓于科学发展观中的统筹协调。只有对新型城镇化建设的深刻内涵有了充分认识，并且践行。这时，传统村落保护和城镇化建设才是互为依托的。

2. 传统村落文化传承与经济发展失衡

马克思主义哲学强调的发展是指前进的上升的发展，科学发展观的本质是马克思主义发展观，要求以人为本，全面协调、统筹兼顾和可持续。在推进新型城镇化建设中传承传统村落文化，一些做法未能很好贯彻落实科学发展观,导致其进程面临困境。一是部分地方在推进城镇化建设过程中,对传统村落文化的保护和传承不够重视,忽视人的精神文明建设和群众利益;片面强调经济建设,忽视与文化、社会、生态建设的协调发展,在某种程度上对传统村落及其文化传承造成破坏。二是也有一些地区,在新型城镇化进程中,过于强调传统村落保护及其文化传承,没有立足发展的视角,导致发展缓慢,人民生活水平难以提升;一些人民群众的守旧观念,以老一辈为主的当地部分人民群众一味保求自己原有住宅,盲目抵触和阻扰城镇化建设,甚至出现一些破坏建设的不良行为。

在新型城镇化建设中传承传统村落文化,从马克思主义哲学上看,在其进程中这本身也是一组矛盾。即是新型城镇化建设和经济发展优先,还是传统村落保护和文化传承优先? 二者当中,无论是哪一方优先或者有所偏重,都表明在经济发展和文化传承中取得平衡是一个极大的挑战。而目前面临的现实困境显然是前者占上风,即以经济为主导的发展占上风,过度追求以经济为主导的发展,这必然给传统村落保护和文化传承带来挑战和困境。

三、新型城镇化建设中传统村落文化传承的平衡发展

(一) 有机更新,协调传统村落自身的保护与发展

随着新型城镇化进程的推进,一面是保护传统村落的要求,一面是改善村民生活、发展经济和推进城镇化建设的需求,如何平衡,达到二者的有机协调? 新型城镇化建设中,无论是传统村落的自身保护,还是发展,显然都是整体的一个部分,将二者有机结合,达到共生共荣才是整体。要达到二者的平衡和有机协调,显然就要强调局部

与整体的协调发展,即用局部的有机更新达到整体的有机更新和完善、完整。因此,要对传统村落进行有机更新,以修旧如旧为理念指导,从而达到村落自身保护与发展的协调和融合。

在新型城镇化建设中要对传统村落进行有益保护,同时这个保护又要是全面、整体、辩证地看。对于传统村落中的历史文化遗产、包括物质遗产和非物质遗产在内的传统文化等要继承和发扬,对于落后陈旧的部分就要进行改造和发展,推进其现代性改造,适应现代化发展。而且在改造和发展的过程,是要以保护为前提的,要做到全面、统筹和协调发展[1]。

总之,对于新型城镇化建设中的传统村落,谈保护是发展中的保护,谈发展是保护中的发展。传统村落的保护必须同其发展,以及新型城镇化建设相结合起来,才能相得益彰,互相促进,达到协调发展。

(二) 重构认知,重构传统村落文化自信与自觉的认知

一是增强传统村落文化自信与自觉的认知。《规划》明确指出"以人为本"和"文化传承"是中国特色新型城镇化建设道路的重要内涵。作为传统村落的主人和传统村落文化传承的主体,村民要对自己的文化有"自知之明",进一步增强对本村文化的自信,增强文化传承的自觉。作为城镇化建设的强大推手,政府要认识到城镇文化的重要性,在新型城镇化进程中,自觉将传统村落文化融入新型城镇化建设中来,建设一个有文化、有历史底蕴、有人文情怀的新型城镇群。

二是与时俱进传统村落文化自信与自觉的认知。与此同时,"文化自觉"又是与时俱进的,是为了推动村落文化传承的文化自觉,所以这种"文化自觉"不仅仅是对传统村落文化的认知,更是以反思、批

---

[1] 陈光明. 城市发展与古城保护——以苏州古城保护为例,北京:人民出版社,2010。

判过去的视角,认知现实、重构未来①。在新型城镇化建设中传承传统村落文化要有"自知之明",既不能全盘继承村落文化,也不能片面复制城市文化,而是要找到一个平衡点,使得传统村落文化能够自主地适应新环境和新时代的要求,从而更加有效地推动其在新型城镇化进程中的传承。② 而对于如何让传统村落文化在农村文化与城市文化之间找好这个平衡点,费孝通先生给出了答案,即"各美其美,美人之美,美美与共,天下大同"。

(三) 统筹主体,厘清传统村落文化传承中四大主体的作为及关系

新型城镇化建设中的传统村落文化传承是一个庞杂的系统性工作,必须发动村民、政府、市场和社会等多方广泛参与,才能达到更好的效果。这就需要四大主体有机统一、有序参与、协同推进,共同完成这项浩大工程。一是村民参与。村民对本村文化传承充满信心,并积极投入村落文化传承的实践中;村两委发挥联络外界资源作用,为本村文化传承注入更大力量。二是政府保障。政府从资金配套落实、法律法规制定、技术指导、人才支撑等方面提供强有力的后方保障。努力营造和谐社会氛围和浓厚文化氛围,创造条件,鼓励专家学者、引导民众等社会各界力量有序参与到新型城镇化中传统村落文化传承中来。三是市场参与。在新型城镇化建设中推进传统村落文化传承,市场的参与必不可少,甚至可以起到很大的推动作用,但是这个参与必须是有序和有效的。在强调旅游开发和经济效益时,要

---

① 张鸿雁. 新型城镇化进程中的"城市文化自觉"与创新——以苏南现代化示范区为例. 南京社会科学,2013(11):60。
② 陈旭峰,田志锋. 费孝通的文化自觉理论对当前农村教育发展的启示. 教育学术月刊,2011(12):33。

注重对传统村落文化的继承和发扬。四是社会发动。增加专家智库的支持，提供政策技术等咨询；唤起在外乡贤返乡支持家乡建设；发动民间公益组织和社会团体力量等。只有发动社会各界力量广泛参与，新型城镇化建设中的传统村落文化传承才能以更加有利的条件推动。

（四）协调发展，协调传统村落文化传承与新型城镇化建设的矛盾

在新型城镇化建设中推进传统村落文化传承，要协调两组矛盾。一是协调传统村落与新型城镇的矛盾，即城乡矛盾。在推进新型城镇化建设中，要协调新型信息化、工业化、城镇化和农业现代化"四化"同步发展，统筹城乡，逐步缩小城乡二元结构体制造成的城乡差距。二是协调传统村落文化传承与新型城镇化经济发展的矛盾，即文化发展与经济建设、城镇建设的矛盾。在推动新型城镇化建设和经济发展的同时，保护和传承传统村落文化，将村落传统文化融入新型城镇化建设中，让城镇居民可以望山、见水、记乡愁。让历史遗存与当代生活共融，让村落景观与人文内涵共生，让传统文化与时代精神共鸣，赋予古村落以新的生机与活力，让其融入现代文明的风景①。

（五）全面布局，将传统村落文化传承融入"五位一体"总布局中

党的十八大提出经济建设、政治建设、文化建设、社会建设和生态文明建设五大建设，从宏观上布局"五位一体"战略。这反映到传

---

① 詹勇. 人民日报评论员观察：让古村落融入现代文明的风景.（2014－11－28）[2021－8－17]，http://news. xinhuanet. com/comments/2014-11/28/c_1113438869. htm。

统村落文化传承融入新型城镇民建设中,也是适用的。第一,要将传统村落文化传承融入经济建设,在保护和传承的前提下,大力发展传统村落文化产业,发展村落经济,推动新型城镇化经济建设。第二,要将传统村落文化传承融入政治建设,坚定不移地推动富有"以人为本""四化同步""优化布局""生态文明""文化传承"深刻内涵的新型城镇化建设,走中国特色新型城镇化道路,践行中国特色社会主义道路,丰富中国特色社会主义理论体系,达到实践和理论的良性互动。第三,要将传统村落文化传承融入文化建设,传统村落文化传承本身属于文化建设领域的布局,必须融入其他四大领域,协调发展,推动中国特色新型城镇化道路。深入践行新型城镇化"文化传承"建设理念,在新型城镇化建设中,传承和弘扬优秀传统文化,将传统村落文化融入城镇建设中,将历史文化传统融入现代文明,发展有人文气息和有文化脉络的人文城镇。第四,要将传统村落文化传承融入社会建设,全面推进城乡一体化建设,把文化融入城镇建设中,推动城乡二元结构体制改革,统筹城乡,营造和谐社会。第五,将要传统村落文化传承融入生态文明建设,在新型城镇化建设中,要注重保护历史文物古迹、古民居和传统公共空间等人文生态环境,以及自然风光、村落景观和风貌等自然生态环境,建设可以"见山""望水"的,有田园风光的美丽城镇。

(六)战略提升,将传统村落文化传承重新融入中华文明传承中

中国是一个拥有五千年农耕文明的国度,五千年的孕育,在村落这块古老的大地上涌现出许多优秀传统文化,可以说,中华文明起源于这片黄土大地上。历史的推移,随着城市的发展和现代文明的产生,传统村落文化逐渐成为了中华文明的一部分。当前,伴着新型城

镇化进程推进，在巨大发展的同时，对这些古老大地上的文化带来了不小的负面影响。在经济社会快速发展和城镇化建设急速推进的当下，我们需要重新审视传统村落文化在中华文明传承中的重要价值意义。保护好传承好传统村落文化，重新将传统村落文化传承融入中华文明传承之中，提升至国家战略高度，增强文化竞争力，促进民族文化发展和延续中华文脉。用文化复兴助推民族复兴，来实现中华民族伟大复兴。将传统村落文化继承，与现代文明融合，进行创新发展，助推"中国梦"。

结语

目前，随着新型城镇化和现代化的加速，新时期下，传统村落的发展及其文化传承有着与众不同的历史机遇，但同时也面临着不少困境。造成这些困境的因素是多方面的，有历史遗留，也有现实困境；有主观因素，也有客观原因。总之，新型城镇化的本质是"人"的城镇化，在这个过程中，"人"是发展目的和主体的统一体，即"人"既是发展的目标，也是发展的手段。因此在新型城镇化建设进程中传承传统村落文化，既要维护群众的各方合法利益，同时要广泛发动人民群众参与到建设中来，提升文化自信和自觉，形成全民参与的局面，共同传承属于我们精神之根的华夏文明。

新型城镇化背景下特色小镇创新"柔性引才"机制研究

胡卫卫

一、引言

2016 年 2 月,中央制定出台《关于深化人才发展体制机制改革的意见》,要求构建科学规范、开放包容、运行高效的人才发展治理体系。党的十八届五中全会提出"聚天下英才而用之"的用才战略,一系列"人才强国"政策的出台深刻体现党和国家为实现中华民族伟大复兴的强大决心①。将更加科学的人才政策运用到社会主义建设中是未来一段时间社会各界普遍关心的问题。

2016 年 7 月,住建部、国家发改委、财政部联合下发《关于开展特色小镇培育工作的通知》。在经济新常态下,为推进新型城镇化建设进程,我国计划到 2020 年建成 1000 个特色小镇。人才是支撑特色小镇发展的重要资源,如何通过有效的人才引进机制破解特色小镇培育中的人才短缺问题已经成为当前学术界面临的重大课题,本文

基金项目:本文系 2017 年江苏省社科应用重大项目暨江苏省社科基金项目"产业转型与特色小镇发展研究"(项目编号:2017012)阶段性成果之一。
① 汤宏. 借力柔性引才助推电商产业. 中国人才,2015,(13):50。

（图片来自网络）

以"柔性引才"为突破口，通过创新"柔性引才"机制尝试寻觅解决特色小镇培育中的人才资源稀缺问题。

二、特色小镇培育中人才资源的重要性

特色小镇"非镇非区"，不同于传统意义上的行政区划，而是产业鲜明、文化底蕴浓厚、生态环境优美、兼具旅游和社区功能的创新平台。特色小镇的概念孕育"创新"的内涵，而创新的关键在于人才，人才是支撑引领经济社会发展的第一资源，是区域竞争的最核心要素。特色小镇培育中为何要重视人才资源，主要体现在以下几点：

（一）产业升级的需要

特色小镇培育需要以产业为支撑，产业"特"而"强"是其主要特点。在当前供给侧结构性改革驱动下，"高精端"的新兴产业是特色小镇产业发展的主要导向，"互联网""智能化""云计算"等是产业发

展的载体和平台,优质产业的快速发展在"人才驱动"下才能更好实现①。因此,未来特色小镇的发展势必形成以高端人才引领新兴产业、以产业集群带动人才集聚的生动局面。

(二)制度供给的需要

创新体制机制是特色小镇培育的内生动力,制度供给"活"而"新"是特色小镇培育的亮点。激发企业主体活力,减少政府干预,力求治理主体多元化是对特色小镇建设提供很好的制度安排。制度的创新需要以人才为依托,精英主义在历史制度的演进中发挥重要作用,只有依靠人才才能实现制度的科学制定和严格落实,确保制度供给更优质高效。

(三)市场化运作的需要

"政府引导、企业主体、市场化运作"是特色小镇培育的主要模式,市场化运作改变传统政府主导一切的治理格局,在充分发挥市场机制的前提下实现"产业化＋信息化＋城镇化＋生态化"的良性互动。市场在资源配置中起决定性作用,人才资源只有在市场化机制下才能更好地发挥作用,同时市场化良性运行必须建立在优质的人才资源基础上,二者相辅相成。

(四)要素集聚的需要

特色小镇的建设过程涉及诸多生产要素,其培育过程也是人才、科技、资金、政策、信息等要素高度集聚的过程。从特色小镇的地域分布来看,多数建立在城乡接合部,作为连接城乡的桥梁,能够有效

---

① 廖云平. 柔性引才应以用为本. 中国人才,2014(19):55。

实现城乡资源的流动,也能更好实现要素向特色小镇的高度集聚。人才要素是第一要素,其自身的流动状况直接关乎其他要素的流动,因此,要想促进特色小镇建设中诸多要素的集聚,形成"集聚效应",人才资源是关键。

三、"柔性引才"在特色小镇培育中的可行性

2014 年 6 月,习近平总书记在外国专家座谈会上讲话中指出"中国将实行更加开放的人才政策,不唯地域引进人才,不求所有开发人才"。随着社会主义市场经济体制的不断完善,传统刚性的引才机制已经暴露出在经济建设中的弊端,破除束缚人才发展的思想观念和体制机制障碍是当前特色小镇发展中亟待解决的问题①,"柔性引才"在特色小镇培育中是否具备可行性,本文观点如下:

(一) 概念的同构性

"柔性引才"是指破除人才流动上的户籍、档案、社保关系等体制机制障碍,为人才自由流动、自主创新、实现自我价值创造更加宽松的社会环境。特色小镇"非镇非区",不同于建制镇,没有行政区划的概念,特色小镇的发展本身就突破了行政区划的限制,有效地避免了因行政区划带来的资源要素配置不合理问题,因此,从两者的概念上看,具备很强的同构性。

(二) 政策的推动性

改革开放以来,党中央高度重视我国人才引进制度建设,把建立

---

① 赵宏伟,郗永勤. 我国高层次人才集聚途径之研究——以福建省为例. 科技管理研究,2012(01):118—121.

灵活引才机制作为破解刚性人才管理的关键,将高效需求对接视为根本动力,并把强调优化人才效能作为核心要义。通过一系列的人才政策,促进三大重要转变:刚性管理向柔性管理转变,计划配置向市场配置转变,"单位人"向"社会人"转变①。特色小镇的培育是一项重大的系统工程,需要相应的人才引进政策作为保障,政策的推动是"柔性引才"得以落实的关键。

(三) 理论上的可行性

"柔性引才"是柔性管理的重要内容,"柔性"能够赢得人才竞争主动权。柔性管理理论认为柔性是以"人性化"为标志,强调跳跃和变化、速度和反应、灵敏与弹性,依据信息共享、虚拟整合、竞争性合作、差异性互补进而实现管理和运营知识由隐性到显性的转化。在特色小镇建设中,刚性的引才措施反而降低人才工作的积极性,通过柔性的方式可极大提升人才引进的质量和效率。

(四) 实践上的应用性

2014 年 10 月,时任浙江省省长的李强在杭州云栖小镇访问时,首先提出"特色小镇"的概念,浙江省的特色小镇培育初见成效。浙江省在特色小镇的培育中,将"柔性引才"运用于实践,吸引了大批"国千、省千"人才,以及大学生、大企业高管、科技人员创业者、留学归国人员加入特色小镇建设的队伍。目前,拥有中高级职称人员4139 人,国家级省级"千人计划"人才 49 人,浙江经验表明"柔性引才"能够在特色小镇培育的实践中取得成效。

---

① 魏劲松."柔性引才"为发展聚智.经济日报,2011 - 09 - 09(008)。

四、特色小镇培育中的"柔性引才"机制构建

我国的特色小镇建设主要还是依靠建制镇的资源,本土的人才资源稀缺,难以给予充分的支撑。"高精端"产业更需要优质人才,特色小镇的人才发展不平衡性明显。"柔性引才"机制就是要按照"不求所有,但求所用"的总体思路和"政府引导、市场调节、契约管理、绩效激励"的运作模式实施,特色小镇培育中如何创新"柔性引才"机制,观点如下:

(一)转变传统思维,树立"柔性引才"观

"柔性引才"顺应社会发展需求,是一种科学、先进的人才资源配置模式。特色小镇培育中的人才引进要改变传统的组织人事负责人才引进的"单兵作战"局面,积极引导激励镇、部门和企业通过项目合作、技术入股、聘请顾问等柔性方式引进人才[①]。要实现"柔性引才",必须转变以下几种传统的引才观。第一,"人才皆高端"观。很多人认为人才皆"大师",而忽略了人人皆可成才的理念,只要具备成才发展的条件都可以人尽其才。第二,"近水楼台"观。人们喜欢以地域划分为框架,对于不同行业的人存在偏见,凭个人喜恶来评判人才。其实,只有广泛识才,才能"不拘一格降人才"。第三,"必求所有"观。有人认为引才就是让人才到本地落户,有些单位过分地看重人才的工龄、户籍所在地以及人事关系,限制了人才要素的自由流动。第四,"项目至上"观。很多地方在发展中认为项目至关重要,却看不见

---

① 谢厚国,沈玉桥.湖北宜城:"人才智力联动行动"促柔性引才.中国人才,2010,(17):51。

人才的价值和人才创新带来的巨大效益。四种传统的引才观具备狭隘性,不利于社会经济的发展和人才的建设,要改变传统的思维方式,必须树立"柔性引才"的观念。只有通过"柔性引才"才能促进人才的合理流动,激发人才队伍的活力,充分体现了知识经济社会的分配原则。

(二)加强政府的引导与支持

作为推进我国新型城镇化的重要举措,特色小镇的培育模式是党和政府在经济新常态下的一项伟大尝试。政府引导是保证"柔性引才"得以实现的前提。首先,政府要提供"柔性引才"的政策。特色小镇作为"创新创业"的平台需要具备一个良好的氛围和空间,这个平台和空间的需要在政府打造。在高端人才的居住条件、福利待遇、晋升机制等诸多方面要给予优惠的政策,这些政策是引进并留住人才的保障。其次,搭建与其他社会机构沟通的平台。"柔性引才"旨在打破地域、户籍等限制,是一种开放型、多元化的引才模式,政府在协调沟通方面具备公信力,可以与中央国家机关、内地省份机关、企事业单位、大专院校、科研院所、非公有制企业等,建立人才合作开发渠道,构建更加开放的人才工作格局,使人才更加合理有序流动。最后,建立"柔性引才"规则。政府是规则的制定者,"柔性引才"解决了引才问题,对于引进的人才除了保障其利益外,其行为规范也应要约束,这些规范人才规则需要政府制定。应运用国家相关法规和人事人才仲裁办法,约束双方的行为,防止和解决柔性引进人才的权益纠纷,确保柔性引进方式的有序实施,体现对知识、人才的尊重。

(三)创新"柔性引才"的模式

"不求所有,但求所用"是"柔性引才"的主要思路,创新"柔性引才"模式能提升引才实效。特色小镇培育中的"柔性引才"模式可从这几方面着手。(1)乡情法。"血缘""地缘"是能勾起乡情的情感元素,虽远离家乡,不再拥有当地户籍,但都有浓烈的思乡情怀,可以依托在外的人才资源,邀请他们为家乡特色小镇建设出谋划策,贡献智慧①。(2)平台法。特色小镇的规划设计、特色产业发展以及制度制定都需要以平台为载体吸引人才,因此,搭建"产学研"的公共平台就显得非常重要。(3)协作法。人才资源的结构问题是特色小镇人才建设中面临的核心问题,从人才分布结构来看,高端的人才多分布在高校以及科研机构,建立科研院所和特色小镇培育的合作可以实现共赢。对于科研院所来说可以通过项目合作拿到课题项目,以特色小镇为调研基地,能够获取第一手资料;从特色小镇的角度来看,借用高校和科研院所的智力资源,能将科技成果转化成现实的生产力。(4)租借法。租借法是"柔性引才"使用较为普遍的方法,考虑到工作场所、工作时间以及交通条件等诸多因素,特色小镇的企业为推进产业升级或开发特色品牌产品,可以通过租借的方式聘请专家教授来授课指导,采用"双休日工程师"、首席技术顾问等形式,与高层次人才形成长期合作关系。(5)招标法。在特色小镇培育中会遇到很多难以攻克的技术难题,政府部门可以将这些难题列成科研创新项目,以招标的方式向社会公布,科研成果由企业购买。

(四)明确"柔性引才"的主体

产业是小城镇发展的生命力,同时也是吸引人才,资金,科技向小镇聚居的关键,产业建镇有效地规避"空镇鬼镇"现象,是实现产城

---

① 张立,龙梦晴,肖志勇,肖潇.农业院校柔性引进高层次人才的机制缺陷与改进.湖南农业大学学报(社会科学版),2009(06):64—66。

融合的唯一选择。基于产业在特色小镇培育中的地位,应将"产业引才"作为"柔性引才"的主体。当前互联网背景下,电子商务发展迅速,无论是传统的经典产业抑或现代新型产业都需要专业的技术支持和网络平台运营人才。"产业引才"应从三个方面考虑。(1)拓展渠道。通过人才招聘市场、创新产业大赛、高等学府优生计划等平台开展重点产业的引才活动。(2)夯实载体。通过重大工程项目和产业攻关项目,发挥产业技术研究院、院士工作站、博士后科研工作站等载体作用。借助国际知名人力资源机构,构建联系对接人才的有效网络①。(3)供需对接。根据特色小镇产业发展需求,建立全市统一的"高层次人才信息库",广泛收集并不断完善重点产业海内外人才信息,更好地服务供需双方对接。企业作为特色小镇的建设主体,应该充分发挥人才资源整合的主体优势,吸引更多的人才参与到产业发展中。

(五)建立鼓励性保障机制

马斯洛需求层次论认为人有生理、安全、尊重、归属以及自我实现等需要,从人性的角度考量,满足自我需要是开展工作的前提,因此,建立鼓励性的"柔性引才"保障机制至关重要。由于目前我国市场化程度不高,"柔性引才"并非主流,要发挥其在特色小镇培育中的优势势必通过政策给予鼓励与保护。(1)加强部门协调。负责人才引进的人事部门要加强和社保、工商等部门的协调,确保柔性人才在职务晋升、薪酬发放、科研创新以及创业实践等方面享受同等待遇,为其提供更优质的服务。(2)完善激励和绩效机制。为调动人才的创造性可提倡以资本、技术、管理等要素参与分红。以绩效为导向,

---

① 沈建新.省级农科院柔性引才的思考.江苏农业科学,2015,(07):458—459.

打破传统的按职称、年龄、身份等为依据的考核体系,建立以成果、能力以及知识为考量维度的指标体系,充分地发挥柔性引才的价值。(3)实行政府投保制度。"柔性引才"具备流动性,要实行动态管理,因此政府要做好人才的社会保险衔接,在解决柔性人才基本生活保障的同时应对重要人才实行政府投保制度。(4)完善"柔性引才"立法。柔性引才有一定的不确定性,为保证人才流动的开放性和有序性,只有通过立法才能保障柔性人才和用人单位的权益。

五、特色小镇"柔性引才"应注意的几个问题

"柔性引才"在特色小镇培育建设中能够有效弥补人才资源的配置问题,但同时也有几个问题值得关注。

(一) 柔性人才的精准识别问题

"柔性引才"没有户籍、地域等空间的限制,在柔性引进的方式上存在着隐蔽性,一般的做法是借助网络资源进行远程实施,但远程实施必然存在风险。对高端的人才信息的获取通常是通过互联网,人才信息资源网络虽然在人才识别中提供了便利但是是否物有所值、货真价实仍值得商榷。要抢占人才智力的制高点一定要有针对性选择,提高识别的能力,做到精准识别,避免因柔性人才识别不到位带来资源额外浪费。

(二) 人文环境建设问题

文化元素的挖掘与利用是打造特色小镇不可或缺的关键环节。人文环境能够增强人才的归属感和认同感,能够更有效地挖掘柔性人才潜能,是人才真正愿意吸引过来的内在动力。"产、城、人、文"四

位一体的发展要求也强调人文建设的重要性,因此,特色小镇的"柔性引才"应将文化建设作为主要推动力。忽略人文环境建设,会影响柔性人才作用的有效发挥,更应加强用人单位的文化环境建设,致力建设富于亲和力及生态良好的文化氛围。

(三)行政化倾向问题

传统的人才管理制度带有浓厚的行政色彩烙印,究其根源是我国市场化程度较低。随着社会主义市场经济体制的完善,在"柔性引才"中,要克服人才单位所有、部门所有的思维定式,防止人才管理上的官本位、行政化倾向。"柔性引才"是一种自由的、开放式的以市场为导向的用才制度,在特色小镇的培育中,政府的角色定位就是引导,而真正发挥的是企业的主体作用,因此,在"柔性引才"中,减少政府干预,克服行政化显得尤为重要。

(四)本土人才"柔性使用"问题

"柔性引才"是特色小镇人才资源配置的重要方式,但不等于说就可以轻视本地人才的柔性使用。由于现实的困境和体制机制的缺陷,当外来人才柔性引进困难时,应当加强本土人才的柔性化使用,避免"唯外轻内"的狭隘思维。比如可以让离退休高层次、紧缺型人才服务于特色小镇建设,从而形成"柔性引进"和本土人才"柔性使用"的合作局面。

(原载《石家庄铁道大学学报(社会科学版)》,2018年第2期)

新型城镇化背景下西北地区农民消费观念现代化的动力研究
——基于L市T村毛发生意的考察

张甜甜

一、研究缘起

当代中国社会正在进行着一场全面的社会转型,从政治、经济到文化等等的每一个领域都在发生着巨大的变化,这种变化在日常消费生活领域也表现得十分明显。新中国成立初期,通过社会主义改造,全国建立了以生产资料公有制为主体的生产方式,在消费品分配上以平均分配为基本方针,实行单位分配和票证供应,人们消费方式同质性较高,认同节俭、朴素的传统消费观念;改革开放以来,原有的计划经济体制向市场经济体制转型,社会经济取得了飞速发展,中国城镇化率超过了50%,"城镇化不仅表现为城镇数目的增加、城市面积的扩大、城市人口增加,也包括人类社会的组织方式、生产方式和生活方式的变化"(倪鹏飞,2013)[①]。国家新型城镇化战略的提出,为

---

① 倪鹏飞.新型城镇化的基本模式、具体路径与推进对策.江海学刊,2013(1)。

中国乡村的转型与发展提供了一个崭新的背景。伴随着城镇化的进程,农民的消费观念和消费心态也发生了变化,以节俭、朴素为基本特征的传统消费观念不再被人们认同,超前消费和个性化消费等新的消费理念更加深入人心。

本文将消费观念现代化定义为消费观念现代化是农民现代化过程中的一个体现,主要表现为超前性消费观念、理性消费观念、以消费为乐的消费观念、符号性消费观念以及品牌性消费观念。

L 市 T 村,一个典型的位于西部山区的村庄,然而却在这样一个村庄中,有近 40 家的小商铺,村民的日常生活基本摆脱了自给自足的掣肘,基本实现日常生活产品依靠市场供给,村民家中电视、音响、DVD 等家用电器一应俱全,甚至有些村民家中还购买汽车用于跑生意,消费现代化特征明显。在之前的调查中了解到,T 村属于典型的半山干旱地区,全村人均占有耕地数量为 0.8 亩,人多地少,使村民无法单一依靠种植维持日常基本生活和温饱,于是改革开放后就有村民在村庄中从事小买卖,但是村庄中几乎家家从事的"毛发生意"最为普遍,在 T 村所在乡镇的其他村庄,也都有从事"毛发生意"的经历,只是相对零散,没有规模化。"毛发生意"使村民走出村庄,向外寻求新的谋生方式,T 村村民的这种外出经历与其他地区农民工外出务工有本质的不同,村民外出收购毛发基本属于"自雇",收购的时间、收购的范围、收购的规模等皆由村民自行决定,那么村民这种外出的经历对其消费观念现代化是否有显著影响? 这些影响表现在哪些方面? 如何影响? 因此,本文基于对 T 村毛发生意的考察,发掘毛发生意发展的历史,结合该村发展现状,对村民的消费观念进行测量,试图寻找毛发生意与村民家庭消费观念现代化之间的联系,从而找到 T 村村民消费观念现代化的动力。

二、T 村概况及毛发生意发展历史

1. T 村概况

T 村距离武都城 20 公里,海拔 1400—1800 米,属典型的半山干旱地区,全村 7 个村民小组,517 户,2184 人,耕地面积 2609 亩,人均占有地 0.8 亩,主要种植花椒、洋芋、玉米等作物。一进村庄,沿着丁字形主巷道上两侧整齐布局的二层楼,其功能几乎全是商住两用,一楼铺面,二楼人住,粗略估计有近 30 家,此外还有支巷道上的商铺,据村民介绍总共有 40 家(这里所谈不包括 7 社)对于一个只有 2184 人的村庄来说,而且是处在半山区的村庄来说,其规模让同类村庄羡慕。印象最深的当属 T 村种类齐全的社区商业服务供给,有较为潮流的服装店、日用品店、蔬菜店、瓜果店、小吃店、美发店、加工馒头面条店、烟酒店、农资店等一应俱全;除村级社区医疗中心外,私家诊所就有 8 家,而且规模也相当可观。在访谈时,不时有小学生和成人进来买零食和烟等,这与笔者在甘肃其他农村看到的情况迥然。5 社的郭某自 2009 年 6 月后,租 4 社村民临街的商铺开诊所,年租金 2000 元,从郭某租铺面开私人诊所这一点,就足以表明 T 村市场化的发育程度。在 T 村的走访中了解到,T 村在改革开放之初,村民中就有在村庄内从事小买卖的人,据说 80 年代城里有录像厅的时候,T 村就有录像厅,村庄商业的发展完全是村民自发的市场行为的结果,其步伐几乎与城镇同步,村民的消费水平由此可见一斑。

2. 毛发生意发展历史

在与 T 村书记和村民的访谈中发现,毛发生意是改革开放后 T 村引进的,村民中 90% 的人都做过毛发生意,最初的起点是毗邻 L 市的甘肃舟曲,之后扩大到宕昌县、兰州、宁夏等地,发展鼎盛的时期村民经营毛发生意的范围遍及全国各地。起初村民外出收头发主要是以货易货的形式,一般是用花线、被套、毛巾、袜子等物品来交换,有时会用布票、粮票来换。由于不同省份的布票、粮票不能互通,到其他省份收头发换的布票、粮票等在会宁一个商店交流成本省份可以用的布票、粮票。村民一般最少 4 人结伴外出到一个地方收头发,这样既能保障人身安全,又能避免外来竞争者哄抬头发价格,保障自己的利益。村民唐某如是说:"村上地少,靠种地填不饱肚子,必须得找其他的方法存活。一个人外出收头发不安全,外地人容易受欺负,就跟同村的乡亲结伴同行,一般是几个人一起到一个地方,因为那会还没有手机,就说好在哪集合几点集合,然后一起吃饭、找住的地方。一起的老乡不会随便抬高收头发的价格,不容易吃亏。"据村民描述,当时收头发基本不用钱去交易,用钱交易不划算,成本太大。当时每斤普通散头发是 3—4 元,辫子能卖到 5—6 元,猪毛 2 元左右。现在还有少量到外地收头发的村民,随着交通、通讯的发展,实力雄厚的村民可以不外出,而是在家批量收购头发和猪毛。村书记在向笔者介绍时说:"每年 3—6 月毛发生意基本瘫痪,一年中最红火的时间是 9 月到次年的三月。现在物价高,今年普通散头发一斤都得 200—300 元,长辫子要 400 元,连猪毛都涨到了 20 元一斤,现在收头发没有七八万的投入,根本做不起来。"

三、样本总体特征描述

在回收的 136 份问卷中,男性为 76 人,占总体的 55.9%,女性为 60 人,占总体的 44.1%;年龄分为四段 30 岁以下为 33 人、31—40 岁为 22 人、41—50 岁为 35 人、50 岁以上为 46 人,分别占总体的 24.3%、16.2%、25.7% 和 33.8%。其中,绝大部分调查对象的婚姻状况是已婚,占总体的 95.6%,未婚和丧偶共占 4.4%。在对家庭类型的统计中,主干家庭在调查对象中占的比例最高为 39.7%,核心家庭、联合家庭分别占 27.2%和 32.4%,单亲家庭所占比例最少,为 0.7%。家庭收入与支出在一万以下的比例分别为 13.2%和 17.6%,10000—20000 的比例分别为 52.9%和 60.3%,20000—30000 的比例为 27.9%和 18.4%,30000 以上的为 5.9%和 3.7%。家庭收入情况中收入大于支出的比例最高,为 52.2%,收支相抵所占的比例为 27.9%,收入小于支出所占的比例为 19.9%。调查对象的文化程度普遍不高,表现在小学及以下文化程度的村民占总体的比例高达 67.6%,初中文化程度的为 24.3%,高中或中专的村民只占调查总体的 6.6%,大专及大专以上的微乎其微,为 0.7%。

四、毛发生意与消费观念

在对消费观念现代化测量中,我们使用包含"我经常外出购物以令自己感觉更好"等 18 个题项的五点李克特量表来测量其消费观念现代化的程度,利用分析量表内部一致性的方法对量表进行检验。整个量表的 Cronbach's α 系数为 0.720。从信度分析可见,村民消费观念现代化量表信度良好,说明这些指标具有较好的内部一致性。为了更便利地分析数据,本研究中将其看作定距变量处理。测量结果见下表(N=136):

表 1　消费观念现代化(N=136)

	均值	标准差	非常同意	很同意	说不清	不同意	很不同意
我经常外出购物以令自己感觉更好	3.72	1.146	25.0	47.8	5.9	16.9	4.4

	均值	标准差	非常同意	很同意	说不清	不同意	很不同意
购物对我来说是件乐趣无穷的事情	3.83	1.132	31.6	40.4	11.8	11.8	4.4
买东西只要自己喜欢，价钱贵贱无所谓	3.21	1.436	22.8	30.9	5.9	25.0	15.4
我喜欢购买流行、时尚的商品	2.99	1.353	16.9	24.3	15.4	27.9	15.4
购买大件物品我喜欢一次到位	3.21	1.295	17.6	33.8	8.8	30.9	8.8
名牌商品价格贵点也无所谓	3.44	1.326	25.0	34.6	9.6	21.3	9.6
在购买削价处理的商品时，我只考虑价格	2.19	1.139	1.5	19.9	7.4	39.0	32.4
我家里经常会进行借钱或贷款消费	3.46	1.403	27.2	36.0	5.1	18.4	13.2
购买名牌商品能够体现身份和经济实力	2.75	1.094	6.6	14.0	43.4	19.9	16.2
分期付款的购买方式应该大力提倡	3.49	.935	18.4	22.8	50.7	5.9	2.2
广告是影响我购买商品的最重要因素之一	2.26	1.318	7.4	15.4	12.5	25.7	39.0
能挣会花才是现代人	3.79	1.289	38.2	30.9	11.0	11.8	8.1

续　表

	均值	标准差	非常同意	很同意	说不清	不同意	很不同意
对子女的教育投入多少都值得	4.76	.447	76.5	22.8	0.7	0.0	0.0
农忙时雇工即使亲戚也要付钱	3.32	1.454	27.9	29.4	1.5	28.7	12.5
上集镇自己付钱坐车	3.72	1.197	26.5	47.8	2.9	16.9	5.9
我把提倡消费水平作为提高家庭经济社会地位的手段	3.04	.739	2.2	20.6	58.8	16.2	2.2
我把家庭消费作为评价人们社会地位的标准之一	3.35	.914	8.8	36.0	38.2	14.7	2.2
我越来越在意我购买的产品对健康的影响	4.42	.830	58.1	31.6	4.4	5.9	0.0

　　经过测量可知,村民非常同意和同意的消费观点有"我经常外出购物以令自己感觉更好(72.8％)""购物对我来说是件乐趣无穷的事情(72.0％)""买东西只要自己喜欢,价钱贵贱无所谓(53.7％)""购买大件物品我喜欢一次到位(最先进的)(41.2％)""名牌商品价格贵点也无所谓(51.4％)""我家里经常会进行借钱或贷款消费(59.6％)""能挣会花才是现代人(63.2％)""对子女的教育投入多少都值得(69.1％)""农忙时雇工即使亲戚也要付钱(99.3％)""农忙时雇工即使亲戚也要付钱(57.3％)""我不赞成此做法:上集镇不坐要付钱的车以节约(74.3％)""我把家庭消费作为评价人们社会地位的

标准之一(44.8%)""我越来越在意我购买的产品对健康的影响(89.7%)";村民不同意或非常不同意的消费观点有"我喜欢购买流行、时尚的商品(42.3%)""在购买削价处理的商品时,我只考虑价格(71.4%)""广告是影响我购买商品的最重要因素之一(64.7%)";18个题项中,"购买名牌商品能够体现身份和经济实力""分期分款的购买方式应该大力提倡""我把提高消费水平作为提高家庭社经地位的手段"这三个题项村民较多选择"说不清",分别为43.4%、50.7%、58.8%。从以上数据分析可知,村民消费观念比较现代化。

　　为了更清晰地了解村民消费观念现代化的程度,研究采用探索性因子分析的方法对量表包含的18个题项进行简化。因子分析采用主成分分析作为抽取因子的方法,抽取六个因子,采用正交旋转法中的最大方差旋转法作为转轴方法。首先,采用 KMO 测度和Bartlett's 球形检验来检验变量之间的相关矩阵。通过计算发现,KMO 值为 0.707,Bartlett's 球形检验的近似卡方值是 519.402,自由度为 153,在 0.000(sig=.000)水平上统计检验显著,遂采用因子分析。

　　第一步因子分析析出的七个因子方差贡献率分别为 13.224%、10.877%、9.479%、9.306%、8.641%、7.806%、6.577%,累积方差贡献率为 65.890%。但是由于"我喜欢购买流行、时尚的商品""购买削价处理的商品时我只考虑价格""分期付款的方式应该大力提倡""广告是影响我购买商品的最重要因素之一""我不赞成此做法:上集镇不坐要付钱的车以节约"和"我家里经常会进行借钱或贷款消费"这六个个题项存在缺陷,表现为旋转后它在七个因子上的负荷同时小于0.5,故将其剔除。之后对剩余的 12 个题项进行第二次因子分析(这 12 个题项的 KMO 值为 0.682,Bartlett's 球形检验的近似卡方值是 323.391,自由度为 66,在 0.000(sig=.000)水平上统计检验显著)。

第二次因子分析后,12 个题项的共同度均在 0.547 以上,因子符合均在 0.586 以上。得出的五个因子的方差贡献率分别为 17.927%、14.305%、13.455%、12.681%、10.352%,累积方差贡献率为 68.719%,达到了因子分析的要求。因子分析结果见下表:

表 2　T村消费观念现代化因子载荷矩阵(N=136)

	因子1	因子2	因子3	因子4	因子5	共同度
我经常外出购物以令自己感觉更好	0.198	0.066	0.825	0.119	−0.034	0.740
购物对我来说是件乐趣无穷的事情	0.191	0.080	0.833	0.010	0.139	0.756
买东西只要自己喜欢,价钱贵贱无所谓	0.811	0.017	0.068	0.017	−0.006	0.663
购买大件物品我喜欢一次到位	0.639	0.227	0.212	−0.092	0.183	0.547
名牌商品价格贵点也无所谓	0.688	−0.074	0.332	0.166	−0.065	0.620
购买名牌商品能够体现身份和经济实力	−0.055	−0.003	0.092	0.082	0.852	0.744
能挣会花才是现代人	0.586	0.307	0.051	0.372	−0.291	0.664
对子女的教育投入多少都值得	−0.255	0.741	0.223	0.006	−0.227	0.716
农忙时雇工即使亲戚也要付钱	0.242	0.636	−0.085	−0.033	0.382	0.618
我把提高消费水平作为提高家庭经济社会地位的手段	0.091	0.121	0.042	0.732	0.407	0.726

	因子 1	因子 2	因子 3	因子 4	因子 5	共同度
我把家庭消费作为评价人们社会地位的标准之一	0.038	−0.008	0.090	0.879	−0.100	0.792
我越来越在意我购买的产品对健康的影响	0.236	0.765	0.044	0.126	0.025	0.660
旋转后的特征值	2.151	1.717	1.615	1.522	1.242	
方差贡献率(%)	17.927	14.305	13.455	12.681	10.352	
累积方差贡献率(%)	17.927	32.232	45.687	58.367	68.719	

　　根据因子的共性,对五个因子进行命名。命名因子 1 为:"超前性消费意识"因子,包括了"买东西只要自己喜欢,价钱贵贱无所谓""购买大件物品我喜欢一次到位""名牌商品价格贵点也无所谓""能挣会花才是现代人"4 个题项,主要描述了村民在炫耀性消费时的态度;命名因子 2 为"理性消费意识"因子,包括"农忙时雇工即使亲戚也要付钱""对子女的教育投入多少都值得"和"我越来越在意购买的产品对健康的影响"3 个题项,主要描述村民消费理性化的态度;命名因子 3 为"以消费为乐的意识"因子,包括"我经常外出购物以令自己感觉更好"和"购物对我来说是件乐趣无穷的事情"2 个题项,主要描述村民对消费的感受;命名因子 4 为"消费的符号性意识"因子,包括"我把提高消费水平作为提高家庭经社地位的手段"和"我把家庭消费作为评价人们社会地位的标准之一"2 个题项,主要描述村民对消费所隐含的符号特征的态度;命名因子 5 为"消费的品牌性意识"因子,包括"购买名牌商品能够体现身份和经济实力"1 个题项,主要

描述村民对品牌消费的态度。这五个因子基本上能够概括村民消费
意识的现代化[①]。

最后,以因子值系数为权数,计算出各因子的因子值。为了便于
分析,我们根据因子值转换公式:转换后的因子值=(因子值+B)×
A(其中,A=99/(因子值最大值—因子值最小值),B=(1/A)—因子
值最小值。B 的公式亦为:B=[(因子值最大值—因子值最小值)/
99]—因子值最小值),将消费观念现代化的因子值,转换为 1 到 100
之间的指数。转换后各因子值的均值、标准差、中位值与众值见
下表:

表3　村民消费意识现代化的均值、中位值、众值和标准差(N=136)

	超前性消费意识	理性消费意识	以消费为乐的意识	消费的符号性意识	消费的品牌性意识
均值	51.6299	66.7164	61.7025	57.0684	53.7412
中值	53.1060	72.7794	64.6091	59.4253	56.3190
众值	72.80	85.06	77.60	64.23	63.47
标准差	23.31870	23.2509	19.2065	20.7735	21.8080

根据因子的共性得出五个复合因子:"超前性消费意识"因子、
"理性消费意识"因子、"以消费为乐的意识"因子、"消费的符号性意
识"因子和"消费的品牌性意识"因子,并将这五个复合因子作为因变
量在加权后进行了比较均值分析。

① 成伯清. 消费心理. 南京:南京大学出版社,1997。

表4　是否经营毛发生意对家庭消费观念现代化的影响(N=136)

	是否经营过毛发生意	均值	标准差	F
量表总得分	是	62. 3617	57. 7857	10. 160**
	否	8. 10794	6. 81296	
超前性消费意识	是	34. 1596	32. 5000	5. 349**
	否	3. 76259	4. 09193	
理性消费意识	是	32. 7766	31. 8571	5. 715*
	否	2. 01155	2. 10389	
以消费为乐的意识	是	27. 7234	27. 1667	2. 264#
	否	2. 05518	1. 84677	
消费的符号性意识	是	26. 5426	26. 0476	3. 676#
	否	1. 43433	1. 28694	
消费的品牌性意识	是	22. 7872	22. 6667	0. 555
	否	1. 15351	0. 95424	

$\#\ p<0.1$；$* \ p<0.05$；$* * \ p<0.01$。

诚如上表所述,是否经营过毛发生意,已在事实上显著影响着村民家庭的消费观念现代化。

首先,总体消费现代化与否在是否经营过毛发生意家庭中差异显著。就家庭总体现代化测量得分而言,经营过毛发生意的家庭消费现代化总均得分为 62. 36 分(标准差 8. 11),高出未经营过毛发生意家庭(57. 79 分,标准差 6. 81)近 5 分,而相应 F 检验结论也证实了这一差异在推论全村情况的显著性。换句话说,在 T 村,经营过毛发生意的家庭消费现代化观念、行为更强烈。

其次,在现代消费类型中,经营过毛发生意的家庭更易具备"超前消费意识"与"理性消费意识"。第一,经营过毛发生意的家庭在"超前消费意识"上的得分为 34.16 分(标准差为 3.76),高出未经营过毛发生意家庭(32.50 分,标准差 4.09)近 2 分,而相应的 F 检验结论也证实了这一差异在推论全村情况的显著性,也就是说在 T 村经营过毛发生意的家庭更易具备"超前消费意识";第二,经营过毛发生意的家庭在"理性消费意识"上的得分为 32.78 分(标准差为 2.01),高出未经营过毛发生意家庭(31.86 分,标准差 2.10)近 1 分,而相应的 F 检验证实了这一差异在推论全村情况的显著性,即在 T 村经营过毛发生意的家庭更易表现出"理性消费意识"。

再次,在现代消费类型中,是否经营过毛发生意也较易影响家庭的"以消费为乐意识"与"消费的符号性意识"。第一,经营过毛发生意的家庭在"以消费为乐的意识"上得分为 27.72 分(标准差为 2.06),高出未经营过毛发生意家庭(27.17 分,标准差 2.26)0.6 分,相应的 F 检验也证实了这一差异在推论全村情况的显著性,即 T 村中经营毛发生意的家庭易表现出"以消费为乐的意识";第二,经营过毛发生意的家庭在"消费的符号性意识"上得分为 26.54 分(标准差 1.43),高出未经营过毛发生意家庭(26.05 分,标准差 1.29)0.5 分,相应的 F 检验证实了这一差异在推论全村情况的显著性,即 T 村中经营毛发生意的家庭更容易具备"消费的符号性意识"。

最后,在现代消费类型中,是否经营过毛发生意,对家庭的"消费品牌意识"的影响并不显著,虽然是否经营过毛发生意对家庭"消费品牌意识"得分上有差异,但仍不能推论到村庄总体。

表5　家庭经营毛发生意的年限对家庭消费观念现代化的影响(N=135)

	年限	均值	标准差	F
量表总得分	5 年以下	61.6833	9.46245	0.355
	5—10 年	62.6429	6.92384	
	10—15 年	63.7084	7.63561	
	15 年以上	61.6744	8.57105	
超前性消费意识	5 年以下	34.58333	4.98102	0.071
	5—10 年	34.00000	3.53009	
	10—15 年	34.00000	3.96726	
	15 年以上	34.1163	3.47925	
理性消费意识	5 年以下	33.4167	1.50504	1.771#
	5—10 年	33.8571	1.833375	
	10—15 年	33.2083	1.76879	
	15 年以上	32.3721	2.26803	
以消费为乐的意识	5 年以下	28.0833	2.42930	1.907#
	5—10 年	26.7143	2.09132	
	10—15 年	28.0000	2.18692	
	15 年以上	27.7674	1.83663	
消费的符号性意识	5 年以下	25.5000	1.93061	2.604*
	5—10 年	26.7143	1.20439	
	10—15 年	26.7917	.83297	
	15 年以上	26.5814	1.49972	
消费的品牌性意识	5 年以下	22.4167	1.08362	1.965*
	5—10 年	23.4286	1.28388	
	10—15 年	22.7500	.79400	
	15 年以上	22.7442	1.23622	

# $p<0.1$；* $p<0.05$；* * $p<0.01$。

诚如上表所述,家庭经营毛发生意的年限,已在事实上显著影响着村民家庭的消费观念现代化。

首先,家庭经营毛发生意的年限对总体消费现代化影响不显著。就家庭总体现代化测量得分而言,家庭经营毛发生意5年以下的总均得分为61.68(标准差9.46),5—10年的总均得分为62.64(标准差6.92),得分最高的为经营毛发生意10—15年的家庭,总均得分为63.71(标准差7.64),而经营毛发生意15年以上的家庭总均得分最低为61.67(标准差8.57)。

其次,在现代消费类型中,经营毛发生意的年限对家庭的"超前消费意识"的影响并不显著。虽然经营毛发生意的年限对家庭"超前消费意识"得分上有差异,但仍不能推论到村庄总体。

再次,在现代消费类型中,经营过毛发生意的家庭更易具备"理性消费意识"与"以消费为乐的意识"。第一,经营过毛发生意5—10年的家庭在"理性消费意识"上的得分为33.86分(标准差为1.83),高出经营毛发生意家庭5年以下家庭(33.41分,标准差1.50)0.4分,高出经营毛发生意10—15年家庭(33.21分,标准差1.77)0.6分,高出经营毛发生意15年以上家庭(32.37分,标准差2.29)1.5分,而相应的F检验证实了这一差异在推论全村情况的显著性,即在T村经营毛发生意5—10年家庭更易表现出"理性消费意识";第二,经营毛发生意5年以下的家庭在"以消费为乐的意识"上得分为28.08分(标准差为2.43),高出经营毛发生意5—10年的家庭(26.71分,标准差2.09)近2分,高出经营毛发生意10—15年的家庭(28.00分,标准差2.19)0.08分,高出经营毛发生意15年以上的家庭(27.77分,标准差1.84)近1分,相应的F检验也证实了这一差异在推论全村情况的显著性,即T村中经营毛发生意5年以下的家庭易表现出"以消费为乐的意识"。

最后,在现代消费类型中,是否经营过毛发生意也较易影响家庭的"消费的符号性意识"与"消费的品牌性意识"。第一,经营过毛发生意 10—15 年的家庭在"消费的符号性意识"上的得分为 26.79 分(标准差为 0.83),高出经营毛发生意家庭 5 年以下家庭(25.50 分,标准差 1.93)1.2 分,高出经营毛发生意 5—10 年家庭(26.71 分,标准差 1.20)0.08 分,高出经营毛发生意 15 年以上家庭(26.58 分,标准差 1.50)0.2 分,而相应的 F 检验证实了这一差异在推论全村情况的显著性,即在 T 村经营毛发生意 10—15 年家庭更易表现出"消费的符号性意识";第二,经营过毛发生意 5—10 年的家庭在"消费的品牌性意识"上的得分为 23.43 分(标准差为 1.28),高出经营毛发生意家庭 5 年以下家庭(22.41 分,标准差 1.08)1 分,高出经营毛发生意 10—15 年家庭(22.75 分,标准差 0.79)0.7 分,高出经营毛发生意 15 年以上家庭(22.74 分,标准差 1.24)0.7 分,而相应的 F 检验证实了这一差异在推论全村情况的显著性,即在 T 村经营毛发生意 5—10 年家庭更易表现出"消费的品牌性意识"。

表6　家庭中经营毛发生意的人数对家庭消费观念现代化的影响(N=127)

	人数	均值	标准差	F
量表总得分	1 人	62.2679	7.72597	0.005
	2 人	62.3379	9.12111	
超前性消费意识	1 人	34.0714	3.46335	0.026
	2 人	34.2069	4.03891	
理性消费意识	1 人	32.5000	1.94469	0.605
	2 人	32.8621	2.19942	
以消费为乐的意识	1 人	27.7143	2.12101	0.003
	2 人	27.7241	1.92533	

续　表

	人数	均值	标准差	F
消费的符号性意识	1 人	26.4821	1.43958	1.728#
	2 人	26.8276	1.19729	
消费的品牌性意识	1 人	22.8036	1.24199	1.658#
	2 人	22.8862	1.01831	

＃p＜0.1。

诚如上表所述,家庭经营毛发生意的人数,已在事实上显著影响着村民家庭的消费观念现代化。

首先,家庭经营毛发生意的年限对总体消费现代化影响不显著。就家庭总体现代化测量得分而言,家庭经营毛发生意的人数为 2 人的家庭总均得分为 62.33(标准差 9.12),仍高出家庭中仅 1 人经营毛发生意的家庭(62.26 分,标准差 7.73)近 0.1 分。

其次,在现代消费类型中,家庭经营毛发生意的人数对家庭的"超前性消费意识""理性消费意识"及"以消费为乐的意识"的影响并不显著。

再次,在现代消费类型中,家庭经营毛发生意的人数较易影响家庭的"消费的符号性意识"和"消费的品牌性意识"。第一,有 2 人经营毛发生意的家庭在"消费的符号性意识"上的得分为 26.83 分(标准差为 1.20),高出仅一人经营毛发生意家庭(26.48 分,标准差 1.19)0.4 分,而相应的 F 检验结论也证实了这一差异在推论全村情况的显著性,也就是说在 T 村,家庭中有 2 人经营过毛发生意的家庭更易具备"消费的符号性意识";第二,家庭中有 2 人经营过毛发生意的家庭在"消费的品牌性意识"上的得分为 22.89 分(标准差为1.02),高出家庭中仅 1 人经营过毛发生意家庭(22.80 分,标准差

1.24)近 0.1 分,而相应的 F 检验证实了这一差异在推论全村情况的显著性,即在 T 村,家庭中有 2 人经营过毛发生意的家庭更易表现出"消费的品牌性意识"。

表7　毛发生意者的受教育程度对家庭消费观念现代化的影响(N=136)

	受教育程度	均值	标准差	F
量表总得分	小学及以下	62.2568	7.84972	
	初中	62.2857	10.62239	0.104
	高中或中专	63.8333	5.19294	
超前性消费意识	小学及以下	33.9595	3.73594	
	初中	34.6429	4.14371	0.596
	高中或中专	35.5000	3.39116	
理性消费意识	小学及以下	32.7162	2.10362	
	初中	32.7857	1.80506	0.416
	高中或中专	33.5000	1.22474	
以消费为乐的意识	小学及以下	27.8243	1.93283	
	初中	27.2143	2.63639	0.599
	高中或中专	27.6667	2.25093	
消费的符号性意识	小学及以下	26.5541	1.29426	
	初中	26.5000	1.91150	1.728#
	高中或中专	26.5000	2.07364	
消费的品牌性意识	小学及以下	22.7568	1.07028	
	初中	22.6429	1.39268	1.689#
	高中或中专	23.5000	1.51658	

#p<0.1。

诚如上表所述,家庭中毛发经营者的受教育程度,已在事实上显著影响着村民家庭的消费观念现代化。

首先,家庭中毛发生意经营者的受教育程度对总体消费现代化影响不显著。就家庭总体现代化测量得分而言,家庭中经营毛发生意的受教育程度为高中或中专的家庭总均得分为 63.83(标准差5.19),受教育程度为初中的得分为 62.29(标准差 10.62),受教育程度为小学及以下的得分最低为 62.26(标准差为 7.85)。

其次,在现代消费类型中,家庭经营毛发生意者的受教育程度对家庭的"超前性消费意识""理性消费意识"及"以消费为乐的意识"[1]的影响并不显著。

再次,在现代消费类型中,家庭经营毛发生意者的受教育程度较易影响家庭的"消费的符号性意识"和"消费的品牌性意识"。[2] (1)家庭中经营毛发生意者受教育程度为小学及以下的家庭在"消费的符号性意识"上的得分为 26.55 分(标准差为 1.29),高出家庭中经营毛发生意者的受教育程度为初中的家庭(26.50 分,标准差 1.91)近 0.1分,高出家庭中毛发生意者的受教育程度为高中或中专的家庭(26.50 分,标准差 1.91)近 0.1 分,而相应的 F 检验结论也证实了这一差异在推论全村情况的显著性,也就是说在 T 村,家庭毛发生意经营者的受教育程度为小学及以下的家庭更易具备"消费的符号性意识";(2)家庭经营毛发生意者的受教育程度为高中或中专的家庭在"消费的品牌性意识"上的得分为 23.50 分(标准差为 1.52),高出家庭中经营毛发生意者的受教育程度为小学及以下的家庭(22.76 分,标准差 1.07)0.8 分,高出家庭中经营毛发生意者的受教育程度为初中的家庭(22.64 分,标准差 1.39)近 1 分,而相应的 F 检验证实了这

[1] 胡雪萍. 消费转型与经济发展,北京. 中国财政经济出版社,2002。
[2] 王宁. 从苦行者社会到消费者社会——中国城市消费制度、劳动激励与主体结构转型,北京:社会科学文献出版社,2009 年。

一差异在推论全村情况的显著性,即在 T 村,家庭中毛发生意经营者的受教育程度为高中或中专的家庭更易表现出"消费的品牌性意识"。

综上所述,经营毛发生意在事实上影响着 T 村消费观念现代化。在是否经营毛发生意对家庭消费观念现代化的影响中,除了"消费的品牌性意识"外,其余 F 检验都证实了这一差异在推论全村情况的显著性,也就是说,家庭是否经营毛发生意显著影响了"超前性消费意识""理性消费意识""以消费为乐的意识"以及"消费的符号性意识",但对"消费的品牌性意识"没有产生显著影响;家庭经营毛发生意的年限对家庭消费观念现代化的影响主要体现在"理性消费意识""以消费为乐的意识""消费的符号性意识"和"消费的品牌性意识"上,但对四个因子的影响在经营年限上并不相同。其中,经营毛发生意5—10 年的家庭在"理性消费意识"和"消费的品牌性意识"比经营毛发生意 5 年以下、10—15 年以及 15 年以上的家庭得分更高,而经营毛发生意 5 年以下的家庭则在"以消费为乐的意识"上得分最高,"消费的符号性意识"上得分最高的则为经营毛发生意 10—15 年的家庭;家庭经营毛发生意的人数仅在"消费的符号性意识"和"消费的品牌性意识"上通过了 F 检验,即有两人经营毛发生意的家庭在"消费的符号性意识"和"消费的品牌性意识"上高于仅一人经营毛发生意的家庭;同样,家庭中经营毛发生意者的受教育程度也仅对"消费的符号性意识"和"消费的品牌性意识"有显著影响。其中,家庭中经营毛发生意者受教育程度为小学及以下的家庭在"消费的符号性意识"上得分最高,而在"消费的品牌性意识"上得分最高的则是家庭中经营毛发生意者的受教育程度为高中或中专的家庭。

毛发生意使村民不再被土地束缚,走出村庄,寻求新的生计来源。村民外出换购或收购头发,本质上与改革开放后进城务工农民一样,都是一种流动。这种流动的经历,对他们的生活和观念产生了一系列的影响,并在生活中被不断强化和认同。上文比较均值的结果验证了毛发生意对村民消费观念现代化的假设。村民们表现出来的"超前性消费意识""以消费为乐的消费意识"是由于伴随着现代市场经济而来的丰富商品给人们的消费方式和内容提供了更多样的可能性,从而不再局限于单一品种和形式的消费①。毛发生意客观上增加了村民的收入,使村民有能力和条件去选择消费的内容和方式,而做毛发生意的经历,更让许多村民对名牌商品有了自己的认知和鉴别,在消费的时候倾向于购买口碑好、品质好的"名牌"商品;收入增加,也使村民在面对自己喜欢的商品时能够慷慨解囊,由此,外出消费变得令人愉悦和对生活充满信心。杨国枢和许烺光根据中国特有的国情,认为中国是一个"他人取向"和"情境中心"的社会,社会文化压力所带来的消费给消费者带来很大影响,中国人的举动都十分关注他们(熟人)的看法和评价,体现在消费上就是在花钱上不让自己"掉价",这与炫耀性消费的意义不同,它不在于炫耀,而在于至少自己不能比别人差,因此可以说是维持、挣得个人脸面的消费行为。在中国社会,人们时常在心中有一把尺子用来度量他人,会在心中给他人"打分",而度量和打分的其中一个尺度就是公众(公开性)消费。如果一个人的消费在他人心中达到了及格线,他就可以说保住了脸面,就获得了在他所生活的圈子里正常生活的"通行证",否则舆论就会给他造成强大的心理压力②。"消费的符号性意识""消费的品牌性意识"印证了学者的这种观点。波德里亚认为现代消费的最显著特点就是符号消费,而符号消费典型地体现在对名牌或品牌的消费,商

① 吴绍中. 中国消费研究. 上海:上海社会科学院出版社,1989。
② 王宁. 消费与认同——对消费社会学的一个分析框架的探索. 社会学研究,2001(1)。

品品牌作为"图腾"或差异符号,便构成消费的内容的一部分。人们不但消费商品,而且消费品牌商品。在这里,名牌或品牌本身就是可以消费的东西,因为品牌是作为符号而表达了商品的档次、信誉以及消费者的身份、荣耀和心情[①]。外出经营毛发生意使得村民耳濡目染,切身体验到现代消费的生活方式,也在潜移默化中转变了自己的消费观念。消费名牌商品是一种"我是财富多的人""我见过大世面"的象征,村民在注重消费商品的实用价值外,对消费的商品所表征的符号意义更为重视。如同杨国枢所说的,消费不在于炫耀,而在于挣得个人脸面。访谈中,村民李某提到对名牌产品消费的态度时说:"我们买名牌商品首先是因为质量好、耐用,农民嘛,买东西还是图个实在。但买名牌也让我们觉得很有面子,起码也能证明我们家的日子过得不错,吃穿不愁的吧。毛发生意我也做了很多年了,出去看别人用这用那的,就想着回来自己家也买上个,让家里人也能跟外面的人一样用用新东西。"

五、毛发生意与村庄消费变迁

1. 毛发生意对村民向外流动的影响

村庄的发展与国家政策和经济环境息息相关。十一届三中全会的召开,标志着我国经济发展的战略目标重新回到满足人民日益增长的物质和文化生活的需要上来,并且拉开了社会主义经济改革的序幕。在注重日用必需品生产的同时,注重享受性、发展性商品的生产,并且开始把人们的消费需求引向市场,大力发展为生产和生活服务的第三产业,鼓励一部分人先富起来,使收入差距和富裕程度合法

---

① 陈学画. 论消费观念的更新. 重庆邮电大学学报(社会科学版),2002(1)。

化。随着改革开放的深入，T 村也迎来了村庄发展的春天，在务农之余，越来越多的村民开始自发地向外寻求发展，收购毛发成为村民外出经营、增加收入的主要方式。经营"毛发生意"的村民，摇身一变成为了"自雇"的雇主，根据个人经济条件自由选择收购的范围、收购的数量，即经营"毛发生意"的村民自由选择流动的方向，这就不同于外出打工的农民工定向地流动到固定的城市，接触城市的类型和深度自然也有很大差别。而大批村民外出收购毛发，实际上也是一个再社会化或人的现代化的过程。随着新型城镇化的倡导和推动，当农民逐渐"市民化"，农村家庭的生活方式也将出现空前的变革，而消费观念也将不可避免地被卷入变革的潮流以加速适应城镇化的生活节奏[1]。本文中将村民家庭经营毛发生意的经历、家庭经营毛发生意的人数、经营毛发生意的年限以及经营毛发生意者的受教育程度作为自变量来考察流动带来村民家庭消费观念的现代化。同时，众多的研究表明与现代或现代文明的接触是引导农民抛弃旧有价值观和生活方式的关键所在，而在所有这些接触途径中，最重要的是与现代因素高度密集并因此成为现代文明之体现的城市接触。[2]"毛发生意"给村民提供了流动的可能以及接触外部城市生活的机会，使他们养成文明的习惯和需要，从而实现自身现代化的转变，这种转变主要体现在消费观念的现代化。"毛发生意"的发展，也带来了村庄中消费环境和村民消费习惯的改变。

2. 毛发生意与村庄消费环境

在调查的 136 个样本中，做毛发生意受村里人影响的家庭数占总体的 83.0%，受亲戚影响的比例为 5.9%，村外其他人影响的比例

[1] 倪鹏飞. 新型城镇化的基本模式、具体路径与推进对策. 江海学刊,2013(1)。
[2] 周晓红. 流动与城市体验对中国农民现代性的影响——北京"浙江村"与温州一个农村社区的考察. 社会学研究,1998 年(5)。

为 8.1％,受朋友影响的比例最小,为 23.0％,也就说明了毛发生意的发展是村内人相互影响的结果。从事过毛发生意的家庭数量高达 69.1％,几乎近七成的家庭都经营过毛发生意,可见毛发生意是村民生计的主要来源(回答毛发生意占收入主要部分的家庭比例为 56.1％)。

布迪厄在《实践与反思》中这样写道:"对置身于一定场域中的行动者(知识分子、艺术家、政治家或建筑公司)产生影响的外在决定因素,从来不是直接作用在他们身上,而是只有通过场域的特有形式和力量的特定中介环节,预先经历了一次重新塑性的过程,才能对他们产生影响。"①毛发生意在 T 村几乎是村民生计的主要来源,村庄近 83％的家庭经营毛发生意受村里人的影响,无形中在村庄中形成了一个新的"场域"——村庄消费环境的重塑。消费环境是存在于消费者周围的,能够通过一定方式作用于消费者的消费观念和消费行为的各种外界因素的总称。毛发生意使村民不再单一只靠种地生活,给他们的生活带来了新的希望和机遇,越来越多的村民开始走出去。随着村民经营毛发生意时间的增长,经营范围遍及全国各地,收入也随着经验的积累和自身的努力不断增加。而外部世界的精彩纷呈,使更多"有见识的"的村民开始不满足于村里单一、枯燥的生活方式,外出经商的经历让他们看到了城市生活的多彩多姿,一些头脑灵活的村民开始在经营毛发生意之余,引进时下流行的新事物,像 80 年代 L 市有录像厅的时候,T 村也有录像厅。需求影响供给,为了满足村民日益增长的"新的"消费需求,村庄内类似城市的美发厅、台球室、日杂店等应运而生,将村民置于全新的消费环境之中。村民不用出村就能买到日常所需的所有物品,方便了村民的日常生活和消费。

① 布迪厄. 实践与反思. 北京:中央编译出版社,1998:134。

而经营毛发生意最直接、最明显的作用就是显著地增加了村民的家庭收入,提高了村民家庭的消费能力,为村民消费观念的现代化提供了物质基础。村民家庭收入的提高、外出经营毛发生意的经历,使其能够切身地体验到现代消费的生活方式,更容易接受新生事物,自然而然地带来消费观念的转变①。加之村庄消费环境的改变,村民的消费不再没有去处,从事过毛发生意的家庭,更是通过家庭中毛发生意经营者,了解了现代消费的对象和方式,现代化的消费观念也越来越被村民认同②。

3. 毛发生意与村庄消费"惯习"

布迪厄在《实践与反思》中指出,"所谓惯习,就是知觉、评价和行动的分类图式构成的系统,它具有一定的稳定性,又可以置换,它来自于社会制度,又寄居在身体之中(或者说生物性的个体里)。"③惯习不同于习惯,虽然惯习有受社会因素规定的一面,但更重要的它具有生成性,它能不断地把场域或周围环境中的新因素纳入自身,在调整和重构自身的同时重新建构实践的对象,惯习的主要品质在于重构和创造,而习惯的主要品质是延续和接受。

毛发生意使村庄消费环境焕然一新,不仅有销售村民日常生活需要的各类物质产品的商店,还有录像厅、美发厅、台球室等精神娱乐的场所,使村民有条件进行多样化的消费。消费环境的变化,毛发生意带来家庭收入的增长,使村民具备了摆脱单一消费的能力和需求,而村内多数家庭经营毛发生意的氛围,也使更多的村民通过家庭内从事毛发生意的成员,对外部世界主要是城市的消费方式有了新

---

① 刘程等. 流动:农村家庭消费观念现代化的动力——基于中西部五省的实证研究. 社会,2008(1)。
② 王宁. 消费与认同——对消费社会学的一个分析框架的探索. 社会学研究,2001(1)。
③ 布迪厄. 实践与反思. 北京:中央编译出版社,1998:171。

的认识①。

在收入低、消费品不足的情况下,合理的家庭预算就是根据收入的多寡来安排消费支出,从而使收入和支出达到平衡。正如我们所熟知的经济基础决定上层建筑,收入的多少决定了家庭消费的方式。量入为出是改革开放前最为普遍的消费观念,也是一种传统的消费观念②。这种消费观念在改革开放前之所以普遍,是由于当时国家制度的制约和收入水平低造成的。改革开放后,国家政策环境的改变,使村民能够在从事农业活动之余经营毛发生意,给村庄带来新的活力。村民的消费观念也在不断更新的消费环境中潜移默化地发生了变化,对新事物、新方式的接纳和包容随着消费观念的变化不断提高,消费方式更加多元化和现代化,从而生成村庄内新的"惯习",惯习不断创新和重组的品质,反过来使村民的消费观念越来越现代化。

六、结论

社会学家视农民和农村为影响中国社会变革的根本力量,人口流动、城乡交融、大众传媒等都对当前农村价值观念的变迁产生了重要影响,而变迁往往是传播、引进、淘汰、创新、发明、存留、冲突、重构交融的过程③。农民作为新型城镇化过程中重要的行动主体,在变迁的过程中有着鲜明的"新特点",而这些新特点的积累将使其形成一种新的趋于稳定的行为习惯和心智结构,成为带有个人经历印记的

---

① 李磊等.人口流动、代际生态与乡村民俗文化变迁——农村新生代影响乡村民俗文化变迁的逻辑路径.山东社会科学,2015(11).
② 陈学画.论消费观念的更新.重庆邮电大学学报(社会科学版),2002(1)。
③ 赵晓芳.少数民族农民打工对输出地社会文化变迁的影响——以鄂西南野三关镇为个案.中南民族大学,2007。

"惯习"。"具体说来,乡村惯习的印记主要体现在乡村文化、社会习俗与消费心态等方面,它通过对农民消费逻辑与消费决策的制约,使农民消费结构的转型呈现出一定的路径依赖"①。

---

① 杨发祥.乡村场域、惯习与农民消费结构的转型—以河北定州为例.甘肃社会科学,2007年(3)。

后记

经过漫长的筹划、申请课题、写文章、组稿、统稿、校对等,该书总算是告一段落。虽然这个过程,我们一起经历了很多,付出了很多,但还是要感激一些友人。首先要感谢的是我们有这样一次美妙、融洽地合作,这样和睦而团结的研究团队是非常难得的。因此,给所有的本书作者"点赞"。其次,感谢资助单位——桂林理工大学公共管理与传媒学院,这本书当然也是该院的"公共经济与管理丛书"之一,没有学院的大力支持,我想这本书不可能如此容易和读者见面。最后,感谢我们的家人,他们的无私、包容让我们有时间安心做好我们的研究。"众人拾柴火焰高",但愿这本书籍能成为一团火焰,温暖我们的家人们。需要强调的是,本书还得到福建农林大学科技创新专项基金项目(社科类):"从严治理背景下基层监督执纪问责研究(编号:KCXRC367A)的支持。

其实,城镇化与反城镇化——这个问题绝对是当前中国一个比较重要、热门的话题,并且还将在转型中国,继续热下去。它关系到民生建设,经济发展,甚至国家现代化的水平。我们认为,该书可以系统地论述这一问题(但绝非最好的论述),希望同仁、政府、学界与社会能够喜欢,希望它是有价值的。

总之,路漫漫其修远兮,吾将上下而求索,这是一个"结束",也

是一个漫长的"开始",而此书在"求索"的过程中,如有不对之处,
还望读者指出。这将对我们今后的研究有更大的帮助。而这,绝
非套话。

刘成晨

2017 年 9 月 17 日

修订于 2019 年 10 月 16 日

再修订于 2021 年 11 月 1 日

图书在版编目(CIP)数据

新型城镇化的多维研究/刘成晨等著.—上海：上海三联书店,2022.12

ISBN 978-7-5426-7938-3

Ⅰ.①新… Ⅱ.①刘… Ⅲ.①城市化-研究-中国
Ⅳ.①F299.21

中国版本图书馆 CIP 数据核字(2022)第 218066 号

新型城镇化的多维研究

著　者／刘成晨　陈建平　庄学村　张甜甜　等

责任编辑／郑秀艳
装帧设计／一本好书
监　制／姚　军
责任校对／王凌霄

出版发行／上海三联书店

　　　　(200030)中国上海市漕溪北路 331 号 A 座 6 楼
邮　箱／sdxsanlian@sina.com
邮购电话／021-22895540
印　刷／上海惠敦印务科技有限公司

版　次／2022 年 12 月第 1 版
印　次／2022 年 12 月第 1 次印刷
开　本／890 mm×1240 mm　1/32
字　数／180 千字
印　张／7.375
书　号／ISBN 978-7-5426-7938-3/F·880
定　价／50.00 元

敬启读者,如发现本书有印装质量问题,请与印刷厂联系 021-63779028